ちょこっと 中国語翻訳

[増補新版]

こんなとき
ネイティヴなら
何て言う?

李軼倫 著

白水社

装丁・本文デザイン　山本州・吉澤衣代（raregraph）
イラスト　よねはらうさこ

┃はじめに

　本書は、白水社ウェブサイトに連載してきた「ちょこっと中国語翻訳」を編み直し、加筆したものです。連載は、簡単そうで意外と訳しにくい日常会話などを課題にして読者から訳文の投稿を募り、添削・解説するというもので、気づけば4年以上、50回も続きました。このたび書籍の形で世に出すことができたのは、言うまでもなく、連載を愛読し投稿してくださった皆さんのおかげです。心よりお礼を申し上げます。

　皆さんの投稿を添削するのは毎月の楽しみであり、自分にとっても非常によい勉強になりました。翻訳は正解が1つではなく、微妙なニュアンスを伝えるためにどう表現するかを考えるのは本当に楽しいことです。長時間考えてもうまい訳語が浮かばないときもありますが、それもまた幸せな悩みです。真剣に悩んだり考えたり調べたりすることが勉強になり、のちに収穫となるのです。

　本書を読むにあたっては、まず各章の冒頭にある課題文を自分で訳してみてから、解説を読むことをおすすめします。解説の後に「翻訳例」がありますが、これはあくまでも一例です。自分が訳したものを、ぜひ周りにいる中国語の先生やネイティヴの友人にチェックしてもらってください。

　また、解説では中国文化や中国人の考え方などについても言及しており、便宜上「中国人は…」「中国では…」という書き方をしていますが、あくまでも僕個人の意見であることを予めご了承ください。

　本書を読み、翻訳のテクニックやいろいろな表現だけでなく、翻訳の楽しさや中国語の文化背景について少しでも知っていただければ幸いです。

　増補新版の刊行にあたっては、X（旧Twitter）で新たな課題を発表し、連載時と同様に皆さんの訳文を募りました。その解説を「特別講義」として巻末に収録し、さらに以前Zoomウェビナーで行った作文添削を「補講」として追加しています。いろいろな訳文を見て、ぜひ学習に役立ててください。

2024年夏

著者

目次

■目次

■目次

第**1**章
取捨選択し、補足する

　日本人同士で会話するときは、一部を省略しても通じることが多いですが、外国語に訳すときには、その「暗黙の了解」が通じにくくなる場合があります。逆に、日本語では長い説明が必要でも、そのまま外国語に訳すとくどくなることも少なくありません。これは、どの言語に関しても同じことが言えます。会話を自然な外国語に訳すには、原文にない内容を補ったり、原文の一部を切り捨てたりする必要があるのです。ここでは「取捨選択」と「補足」のテクニックに注目しながら、課題文を見ていきましょう。

1
A：この手帳、山田さんのですか？
B：いえ、誰のでしょうね。

2
A：佐藤さん、結婚するんだって。
B：知らなかった！

→解説p.14

3
A：今日の昼はそうめんにしようか。
B：暑いしね。

→解説p.16

4
A：電車けっこう込んでるね。
B：日曜なのにね。

→解説p.18

5
A：これ捨てていい？
B：あー、まだ使うから。

→解説p.19

6
A：しばらく会えないけど元気で！
B：山田さんもね。

→解説p.20

7
A：急に都合悪くなって、今日の飲み会行けなくなっちゃった。
B：またドタキャン？　もう予約しちゃったのに。
A：ほんとごめん。勘弁してくれ。
B：いつも自分の都合しか考えないんだから。困ったやつだな。

→解説p.22

8
A：さっき外国人に道聞かれたんだけど、英語わかんなくて。
B：道案内は難しいよね。で、どうしたの？
A：スマホで検索して、地図見せたら一発だった。
B：あ〜たしかに、そのほうが早いかも。

→解説p.26

9
A：あれ、あの保険の書類どこやったっけ？　テーブルの上に置いてなかった？
B：知らないよ。そもそも何でそんな大事なもの、ちゃんとしまっておかないわけ？
A：しまおうと思って、とりあえず置いただけじゃん。昨夜までここにあったはずなのに。
B：まったく子どもじゃあるまいし。あれって再発行できないでしょ。ちゃんと探しなよ。

→解説p.30

A：この手帳、山田さんのですか？
B：いえ、誰のでしょうね。

① 手帳

日中辞典で「手帳」を引くと、**"笔记本""杂记本""记事本""手册"** などの訳語が出てきますが、これらの言葉はどう違うのでしょうか？

△	笔记本	講義のメモを取ったりするときに使うノート。「勉強用」のイメージが強いです。また、「ノートパソコン」の「ノート」の意味もあります。
△	杂记本	アイデアや感想など、いろいろなことを書き付けるノート。
○	记事本	予定を書き込んだり、忘れないようにメモをするノート。
△	手册	仕事の進捗状況などを記録するノート。または、規定やマニュアルなどが記載されるハンドブック。

ふだん私たちがスケジュールを書き込んだり、メモをしたりする手帳は **"记事本"** と訳すのが一番ふさわしいですね。

また、証明書の意味で使われる「警察手帳」「生徒手帳」などは、**"警官证""学生证"** と訳すのが適切です。母子の健康状況やいろいろな情報が書かれている「母子手帳」は **"母子手册"** と訳すといいでしょう（実際に中国で使われているものは **"母子健康手册"** や **"母子保健手册"** と言います）。

② 山田さん

この会話に出てきた「山田さん」には、2つの可能性があります。1つはBさん、もう1つはAさん・Bさん以外の第三者です。山田さんがこの場にいない第三者なら、**"这个笔记本是山田的吗？"** と訳せばいいのですが（状況によって **"山田"** の後ろに **"先生""小姐"** や肩書きなどを付けましょう）、Bさんが山田さん本人である場合はどう訳せばいいでしょうか。

12

日本人の知り合い同士で会話をするときは、「あなた」という人称代名詞を使わずに「〇〇さんは…」と相手の名前を使うのが一般的です。一方、中国人同士で会話をするときは、呼びかけたりする場合以外、目の前にいる相手の名前はあまり使いません。ですから、Bさんが山田さんである場合、Aさんのセリフの「山田さん」は"你"と訳すのが適切です。

③ 誰のでしょうね

　「誰のでしょうね」はなかなかおもしろい表現だと思います。Aさんの質問に対して、Bさんはもう「いえ」と答えたのですから、本来ならほかの情報はもう必要ありません。それにAさんは誰の手帳なのか知らないからBさんに尋ねているわけで、「誰のでしょうね」と質問を返したところで意味がありません。わざわざ無意味なことを言うのは、「いえ」という短い返答だけでは素っ気なく聞こえるから、それを避けるためだと考えられます。

　一方、中国人同士の場合、特に親しい仲だとストレートな会話になることが多いので、ここは"不是 (我的)。"とあっさり答える人も多いかもしれません。

　ただ、短すぎる返事が素っ気なく聞こえ、会話が途切れてしまうのは中国語に関しても同じです。相手が目上の方でしたら、やはり"是谁的呢?"、あるいは"我也不知道是谁的。(誰のものか、私もわかりません)"などを付け足すほうがいいでしょう。

翻訳例

A：这个记事本是不是你的?　　　Zhège jìshìběn shì bu shi nǐ de ?

B：不是。是谁的呢?　　　Bú shì. Shì shéi de ne ?

解説 2　A：佐藤さん、結婚するんだって。
　　　　　B：知らなかった！

---

① 佐藤さん、結婚するんだって

　ここでは「佐藤さん」が男性か女性かわからないので、**"佐藤先生"** や **"佐藤小姐"** とは訳せませんね。それに、**"先生"** や **"小姐"** などは改まった呼称なので、同僚や友人同士では使いません。中国人なら、年齢によって **"小王"** や **"老李"** などの呼び方ができますが、姓が2文字の場合は **"小"** や **"老"** などを付けられませんから（**"(✕)小司马"** **"(✕)老欧阳"**）、**"(✕)小佐藤"** などと呼ぶこともできません。

　中国では同級生や年齢に大差のない同僚などに対しては、名前を呼び捨てにしても失礼に当たりません。この「佐藤さん」の年齢がAさん、Bさんと同じくらいなら、単に **"佐藤"** でいいでしょう。もし「佐藤さん」が上司だったり、年齢がだいぶ上の人だったりする場合は肩書きなどを付ける必要がありますが、この会話からはそういった情報が読みとれませんね。

　「佐藤さん、結婚するんだって」は次のように訳せばよさそうですが、少し物足りない感じがします。

　　　△　听说佐藤要结婚了。

　これでは「佐藤さんが結婚するそうだ」と、単に1つの情報を伝えているだけです。しかし、「結婚するんだ<u>って</u>」は単に情報を伝えているだけではなく、「知ってた？」と相手の反応を求める機能も含んでいると思われます。だからBさんは「知らなかった！」と答えているのでしょう。この「知ってた？」の意味合いは、問いかけの形にするとうまく表せます。

　　　◎　你听说了吗? 佐藤要结婚了。

14

　Ａさんの "你听说了吗？" を受けて、"我没听说。" と返せば自然な訳になりますが、びっくりした気持ちを込めて言う場合は、前に "真的？" や "是吗？" などを付けたほうがより生き生きした会話になります。

　　◎　真的？ 我没听说。／是吗？ 我没听说。

　また、もしＡさんの言葉を "你知道吗？ 佐藤要结婚了。" のように訳したら、Ｂさんの答えを "真的？ 我不知道啊！" と訳しても自然です。

　このように、相手に "你知道吗？" と聞かれた場合は "我不知道" と答えることができますが、特に問いかけがない場合、ふつう "我不知道" とは言いません。これはよく間違えるので注意が必要です。たとえば次の例で、上の訳は不自然ですが、下のように訳すと自然になります。

　　×　她已经三十多岁了！ 我不知道！
　　○　她已经三十多岁了！ 真没想到！
　　　　彼女は30歳を超えてたんだ！　知らなかった！

　なお、日本語は「知らなかった」と過去形になっていますが、中国語では、とくに完了や変化の意味が含まれていなければ "了" はふつう使わないので、"我不知道了" とは言いません。

翻訳例

A：你听说了吗？ 佐藤要结婚了。　　Nǐ tīngshuō le ma ? Zuǒténg yào jiéhūn le.
B：是吗？ 我没听说啊！　　Shì ma ? Wǒ méi tīngshuō a !

解説 3

A：今日の昼はそうめんにしようか。

B：暑いしね。

① そうめん

「そうめん」を日中辞典で調べると "**挂面**" と出ており、逆に "**挂面**" を中日辞典で調べると「乾麺」という訳語が出てきます。たしかにそうめんは乾麺の一種ですが、「そうめん＝乾麺」という関係ではありませんね。ちなみに、"**挂面**" という名前は麺を棒に掛けて、日にさらして乾かすことから来たそうです。

暑い夏に食べたくなるそうめん。その特徴といえば、やはり糸のような細さではないでしょうか。じつは中国にも同じような麺があって、その名前は "**龙须面** lóngxūmiàn" といいます。"**龙须**" とは「竜の髭」で、"**龙须面**" は竜の髭のように細い麺という意味です。おもしろい名前だし、この "**龙须面**" を使ってもよさそうですが、"**龙须面**" には冷たい食べものというイメージはありません。あの夏に食べる冷たいそうめんの訳語としてはちょっと合わないのです。だからと言って "**凉龙须面**" にすると、ちょっと長すぎます。会話の内容から考えれば、ここは「細さ」よりは「冷たさ」が重要なので、"**凉面**" と訳したほうがいいかもしれません。

このように、辞書に載っているのは基本的な意味と用法だけで、すべての使用場面をカバーしているわけではないのです。日中辞典を調べて選んだ訳語が、本当に自分の言いたいことを表しているのか、中日辞典で裏付ける作業をおすすめします。

② 暑いしね

この日本語は非常にシンプルですが、相手の提案に同意する意味（「ね」）とその理由（「暑い」）がきちんと表されていますね。

同じシンプルさを追求してそのまま訳すと、日本語の意味がうまく伝わらないし、その前のセリフと繋がりません。

△　很热啊。

　同じ意味を中国語で表すなら、次のような訳が自然でわかりやすいと思います。

　　◎　好啊。今天可真热啊。
　　◎　好主意，天气这么热，吃凉面正合适！

　このように、自然な訳文にするためには、場合によって、情報を足したり順番を変えたりすることが必要です。

翻訳例

A：今天中午吃凉面怎么样？　　Jīntiān zhōngwǔ chī liángmiàn zěnmeyàng ?
B：好啊。今天可真热啊。　　Hǎo a. Jīntiān kě zhēn rè a.

解説 4

A：電車けっこう込んでるね。
B：日曜なのにね。

① けっこう込んでるね

電車のように、人がぎっしり詰まって込み合っている状態は "挤jǐ" で表せばいいですね。「けっこう」のニュアンスを出すためには何か副詞を付けたいところです。"很" でもいいですが、より口語的な "挺" を使うといいでしょう。

また、続くBさんのセリフからわかるように、ここでAさんは「日曜で空いているはずの電車が込んでいる」ということを言いたいわけです。この意外性を表現するのにちょうどいいのが副詞 "还" です。

◎　电车还挺挤呀。

② 日曜なのにね

これには相手に同意する気持ち（「ね」）、日曜日に電車が込んでいることを意外に思う気持ち（「～なのに」）が含まれています。中国語ではこんなふうにシンプルには言いにくいので、この2つの気持ちをそれぞれ訳してあげましょう。

「まったくそのとおりだ」と同意するには、"就是啊" という相づちがぴったりです。「～なのに」は、中国語では「日曜なのに（電車が）込んでいる」とまで言わないと伝わりにくいです。さらに "大礼拜天 (的)" のように "大" を付けると、「日曜だっていうのに」という強調を表すことができます。これは特定の天候、休日、時間を表す言葉などの前に "大" を付けて強調する言い方です。

> 大热天的，你怎么穿毛衣啊？
> こんな暑い日にどうしてセーターなんか着ているの？

翻訳例

A：电车还挺挤呀。　　Diànchē hái tǐng jǐ ya.
B：就是啊，大礼拜天的也这么挤。　　Jiùshi a, dà lǐbàitiān de yě zhème jǐ.

18

解説 5

A：これ捨てていい？
B：あー、まだ使うから。

① 捨てていい？

　「捨てる」は単に **"扔"** でもいいですが、後ろに排除の意味を表す結果補語 **"掉"** を付けた **"扔掉"**（捨て去ってしまう）の形で用いられることもよくあります。「〜していい？」と許可を求めるには、もちろん助動詞 **"可以"** の表現でOKです。

　　○　**这个可以扔掉吗?**

　ただし、AとBが家族のような近しい関係ならば、**"可以"** を使うのはちょっと他人行儀な感じがします。この会話の親しげな雰囲気からすれば、次のように訳すのもいいでしょう。

　　◎　**这个你还要吗? 我扔了啊?**　　これまだ要る？　捨てちゃうよ？

② まだ使うから

　これはもちろん「まだ使うから捨てないで」という意味ですよね。中国語に訳す際は、「捨てていい？」という問いかけに対して、まず **"别扔。"**（捨てないで）で受けるほうが自然です。

　「まだ使う」をそのまま訳せば **"我还用"** ですが、文末に **"呢"** を付けることで、「（まだ必要として）いる」という状態の持続を表すことができます。

　　◎　**我还用呢。**

翻訳例

A：**这个可以扔掉吗? ／这个你还要吗? 我扔了啊?**
　　Zhège kěyǐ rēngdiào ma？/ Zhège nǐ hái yào ma？Wǒ rēng le a？
B：**啊，别扔。我还用呢。**
　　Ā, bié rēng. Wǒ hái yòng ne.

A：しばらく会えないけど元気で！
B：山田さんもね。

① しばらく会えないけど元気で

　「しばらく」はおもしろい日本語ですね。「しばらくお待ちください」と長くない時間を表すこともできるし、「しばらく会わないうちにすっかり大人になったね」のように、長く続く時間を表すこともできます。この会話の文脈では、かなり長い時間を表すことがわかるので、**"好久"** や **"好长时间"** と訳していいでしょう。

　「会えない」は **"不能见面"** と訳した人が多かったですが、これでは「会ってはいけない」という禁止のニュアンスが出てしまうので、ここは可能補語を活用して **"见不着**jiànbuzháo**"** や **"见不到"** と訳したほうが自然です。「元気で」は **"你多保重"** という決まり文句を使いましょう。

　　○　**好久见不着了。你多保重！**

　この **"了"** は「（会えなく）なる」という変化の語気を表しています。

　これだけでも意味は通じますが、ちょっと物足りないです。そこで **"一～就…"**（～すると…）のセットを使うとだいぶネイティヴらしくなります。

　　◎　**这一走，就好久见不着了。**
　　◎　**这一分开，就好久见不着了。**
　　今回別れたら、しばらく会えなくなります。
　　（この **"这"** は **"这次"** の意味）

　"一～就…" のセットを使って、**"一回家就看电视。（家に帰るとすぐテレビを見る）"** のように、2つの動作が立て続けに起こることを表す用法はもうお馴染みだと思いますが、上のように「事柄Aが起きると、自然にまたは必然的に事柄Bが起きる」という意味を表すこともよくあります。ほかの例も見てみましょ

う。"一" を省略することもあります。

> **一下大雨，这一带就会积很多水。**
> 大雨が降ると、この辺りはひどい水たまりになります。
>
> **到了冬天，这条河就会结冰。**
> 冬になると、この川は氷結します。

② 山田さんもね

　解説1で見たように、中国語では目の前の相手をいちいち名前で呼ばずに "**你**" や "**您**" と呼ぶのが一般的です。

　また、「山田さんもね。」や「私も。」のように、日本語は簡単に「も」を付けるだけで文として成立しますが、中国語の場合は "**你也**" や "**我也**" だけでは正しい文になれず、少なくとも "**你也是**" や "**我也是**" と "**是**" を付けなければなりません。また、これだけではちょっと素っ気なく感じることもありうるので、相手の言ったことを繰り返して言ったほうが無難です。

　"**我喜欢你**" と言われたら、"**我也是**" と答えるよりは "**我也喜欢你**" と答えたほうが相手もうれしいと思いますよ。

翻訳例

A：**这一走，就好久见不着了。你多保重！**
　　Zhè yì zǒu, jiù hǎojiǔ jiànbuzháo le. Nǐ duō bǎozhòng！
B：**你也多保重。**
　　Nǐ yě duō bǎozhòng.

A：急に都合悪くなって、今日の飲み会行けなくなっちゃった。
B：またドタキャン？　もう予約しちゃったのに。
A：ほんとごめん。勘弁してくれ。
B：いつも自分の都合しか考えないんだから。困ったやつだな。

① 急に都合悪くなって

　日中辞書を引いてみると、「都合」の中国語訳がいろいろ書いてあります。この会話の場合は「急用ができた」ということでしょうから、以下のように訳すといいでしょう。

- ○　**突然有（急）事**
- ○　**临时有事**
- ○　**我有点儿急事**

　急用じゃないけれど、とにかく都合がつかなくなって……と、少しぼやかした言い方としては、次のような訳し方も自然だと思います。

- ◎　**突然不方便**

　「〜なので」「〜のため」という意味の“**由于**”や“**因为**”などを文頭に付けた人もいましたが、会話ではこれらの接続詞があると硬い感じになってしまうので、使わなくてもいいと思います。

　ついでに、少し文化の違いもお話ししておきましょう。日本では、「ごめん、都合が悪くなって行けなくなった」だけで、一応言い訳にはなるようです。しかし中国では、なんで“**不方便**”になったのか、“**急事**”とは何かをはっきり言わないと、相手は納得してくれないかもしれません。ちゃんと相手を納得させる理由がないと、相手のことを軽視していると受け取られてしまいます。たとえ嘘でも、きちんと理由を説明するのが一般的だと思います。

② 飲み会

　中国では、アルコール度数の高い "白酒" がよく飲まれているせいか、「中国人は皆お酒に強いでしょう？」とよく聞かれます。実際には、中国でお酒を飲むのはお祝いをする場合や久しぶりに友人たちが集まる場合で、日本のサラリーマンのように仕事の後にお疲れ様の1杯というのは少ないようです。家でも、記念日や祝祭日など特別な日以外は、気軽にお酒を楽しむ習慣がある人はあまり多くない気がします（僕のような飲んべえは別ですが）。

　また、中国には居酒屋のようなお酒がメインの店も少ないです。西洋風のバーはあっても、お酒を楽しむ場というより、恋人同士や友人同士で話に花を咲かせる、ちょっと特別な喫茶店くらいの位置付けかもしれません。

　そういう状況なので、「飲み会」というごく日常的な日本語は、じつはなかなか中国語に訳しにくいのです。皆さんの投稿には "宴会"、"酒会"、"聚会" といった訳語が出てきました。"聚会" が一番「飲み会」のイメージに近いですね。

- △ **宴会**　結婚披露宴など、盛大で多人数のお祝いの場を指すことが多い。
- △ **酒会**　立食パーティーのようなフォーマルかつシンプルな集いを指すことが多い。
- ○ **聚会**　友人同士の一般的な集まり。ただの食事会の可能性もあるが、だいたいアルコールが飲まれる。

③ ドタキャン

　△　臨時取消

　こう訳した人が多かったですが、ちょっと硬い感じがします。**"今天的会议临时取消了（今日の会議は急遽キャンセルになった）"** のように、仕事では使えそうですが。

　親しい友人同士であれば、**"放鸽子 fàng gēzi"** という表現を使ってみるのもいいでしょう。**"放鸽子"** はもともと「ハトを飛ばす」という意味ですが、「約束をすっぽかす」つまり「ドタキャンする」という意味もあります。ただ、これはかなりくだけたスラングなので、使う相手には注意が必要です。

ほかにも、"变卦 biànguà"（決めたことを覆す、気が変わる）を使って、"临时变卦" と言っても「ドタキャン」の意味になります。

④ 勘弁してくれ

皆さんの投稿では、次の訳が多く見られました。

- △　饶 ráo 了我吧。
- △　原谅我吧。

どちらも正しい中国語ですが、"饶了我吧" はかなり腰が低い表現です。土下座でもしながら「お許しください」「ご容赦ください」と言っているようで、ちょっと大げさですね（わざと冗談ぽく言うならアリです）。ここでは "原谅我吧" と訳したほうが原文に近いかなと思います。

でも中国では、よほど大事なことじゃない限り、友人同士なら "对不起啊" や "不好意思" などで済ますことが多く、"原谅我吧" のような表現を使う人は多くないかもしれません。"朋友之间不言谢（友人の間に「ありがとう」の言葉は要らぬ）" と言うように、お詫びの言葉を言いすぎると他人行儀に感じられます。その代わり、"下次我请你们吃饭（今度食事でもおごらせてくれ）" と、自らペナルティーを課すのが中国式の謝罪かもしれません。とは言っても、"礼多人不怪（礼儀はくどくてもとがめる人はいない）" という言葉もあるので、ドタキャンしたときは、やっぱりきちんと謝ったほうが無難ですね。

⑤ いつも自分の都合しか考えないんだから

また訳しにくい「都合」が出てきましたが、皆さんの投稿には、たくさん素晴らしい訳がありました。どれもとても自然です。

- ◎　你总是只想着自己
- ◎　你总是不考虑别人
- ◎　你总是这么自私

◎ **你总是只图自己方便**

　ほかに、"**总是只顾自己**"というもっと簡単な言い方もご紹介しましょう。"**顾**"は「かまう、配慮する」の意味で、"**只顾自己**"と言うと「自分のことだけ考える」、つまり「自分の都合しか考えない」の意味になります。日本語からはなかなか思いつきにくい動詞かもしれませんが、非常に自然な表現ですので、ぜひ活用してみてください。

---

⑥ 困ったやつだ

　親しい友人を非難する表現には、"**真是的**（まったくもう！）""**真（拿你）没办法**（しょうがないやつだね）""**不像话**（まったくひどいなあ）""**真讨厌**（いやなやつ；最悪）"など、いろいろありますね。ここではどれを使ってもいいと思います。

　ほかに"**添麻烦**"や"**让别人为难**"などの訳もありました。通じることは通じますが、日本語の発想からの直訳で、ちょっと自然さに欠けるでしょう。

翻訳例

A：我突然有事，今天的聚会去不了了。
　Wǒ tūrán yǒu shì, jīntiān de jùhuì qùbuliǎo le.

B：又临时变卦？我都预约好了。
　Yòu línshí biànguà？Wǒ dōu yùyuēhǎo le.

A：真不好意思，你就原谅我吧。
　Zhēn bù hǎoyìsi, nǐ jiù yuánliàng wǒ ba.

B：你这个人总是只顾自己，真是的！
　Nǐ zhège rén zǒngshì zhǐ gù zìjǐ, zhēnshi de！

A：さっき外国人に道聞かれたんだけど、英語わかんなくて。
B：道案内は難しいよね。で、どうしたの？
A：スマホで検索して、地図見せたら一発だった。
B：あ〜たしかに、そのほうが早いかも。

① さっき外国人に道聞かれたんだけど

　日本語は受身の形になっていますが、中国語は受身にせずに言うのが一般的です。

　　◎　剛才有个外国人问我路／向我问路
　　✕　我刚才被有个外国人问路

　中国語の受身表現は、"他被大家选为代表了。"（彼はみんなに代表として選ばれた）のように好ましいことに使うこともありますが、基本的にはやはり「害を被る」イメージが強いです。何かを「聞かれる」「言われる」場合、受身表現はふつう使いません。

　なお、不特定の外国人（英語で言う"a foreigner"）を表すのに、"有个外国人"としました。もちろん"有一个外国人"でもOKです。

② 英語わかんなくて

　「英語わかんなくて」は曖昧な表現で、これだけでは「英語がまったくわからない」のか、「ある程度わかるけど聞きとれなかった」のかがわかりません。中国語に訳すときは以下の訳いずれもありえるでしょう。

　　○　我不会说英语／我不懂英语　→英語がまったくわからない
　　○　我听不懂英语　　　　　　　→英語が聞きとれない（読める可能性はある）
　　○　我没听懂他说的英语　　　　→その人の英語が聞きとれなかった
　　○　我不会用英语回答　　　　　→（聞きとれたけど）英語で答えることができ
　　　　　　　　　　　　　　　　　　ない

以上はいずれも正解になりますが、これだけ聞いた相手の中国人は「で、なに?」と思ってしまうかもしれません。つまり、「英語がわからなくて困った」や、「英語がわからなくて焦った」などのように言ったほうが中国語として落ち着きがいいわけです。

◎ **我不会说英语，可难住我了。** 私は英語が話せなくて困った。

"可" は語気を強調する副詞です。"难住" の "住" は固定・定着を表す結果補語で、ここでは困って立ち往生するような様子を表しています。

③ 道案内は難しいよね

投稿では "**给人指路很难**" のように訳した人が多かったです。一見問題なさそうですが、よく考えれば、「(日本語で) 道案内する」のは別に難しいことではなく、外国語だから難しいということでしょう。ここは "**用外语**" を付け加えたほうが意味がはっきりします。

△ **用外语指路很难**

ただ、これだと「外国語での道案内は難しいことです」と言い切る文になってしまい、ちょっと硬く感じられます。ここは単に相手をフォローする言葉ですから、次のように表現したほうがより軟らかく感じられます。この "可" は "**用外语指路**" の部分を強調しています。

◎ **用外语指路可不简单啊。**
外国語での道案内は簡単じゃないよね。

このように、特に会話では、肯定形よりもその対義語の否定形で表現したほうが程度が低くなり、語気が軟らかくなる傾向が見られます。

我今天有点儿不舒服。
今日はちょっと体の具合が悪い。

我周围也有不少人在玩儿"精灵宝可梦GO"。
私の周りにも「ポケモンGO」をやっている人が少なくない。

④ で、どうしたの？

　次のように訳した人が多かったのですが、いずれもちょっと意味がずれています。

　　△　那你怎么办？
　　△　然后怎么样了？

　"那你怎么办？" は「じゃ、あなたはどうする？」という意味で、まだ起きていないことを尋ねる言い方です。"然后怎么样了？" は「その後はどうなった？」という意味で、事態の進展について尋ねているように聞こえます。

　ここの「で、どうしたの？」は「それで？」と話の続きが聞きたいニュアンスなので、"然后呢？" や "那后来呢？" などの言い方が一番シンプルで自然です。ほかには、"是…的" のセットを活用してもいいでしょう。

　　◎　那你是怎么解决的？
　　　　じゃ、あなたはどうやって解決したの？

⑤ スマホで検索して、地図見せたら一発だった

　「スマートフォン」は正式には "智能手机" と訳しますが、ひと昔前の携帯電話と区別する必要がある場合でなければ、いちいち "智能" を付けずに "手机" とだけ言います。

　文全体は、次のようにそのまま訳しても問題ありませんが、ちょっと途切れ途切れになっている感じで、繋がりが今一つよくありません。

　　△　我用手机查了一下，给他看了地图，他马上就明白了。

　スマホで検索したのは目的地の地図でしょうから、次のように言えばコンパクトに表現できます。後半は "一～就…" のセットを活用して訳すと文の繋が

りがよくなります。

◎ 我用手机查了一下地图，给他一看，他马上就明白了。

⑥ たしかに、そのほうが早いかも

　残念ながら、投稿では自然な訳がほとんどありませんでした。簡単そうなのに意外と難しかったですね。原文に近い言い方なら、次のような訳がわりと自然です。

◎ 的确这样更快一些。

"一些"はよく比較表現に用いられ、「いささか〜、もっと〜」という意味です。ほかに、僕だったら以下のように表現するかもしれません。

◎ 这倒是个省事儿的好办法。
　これは手っ取り早くていい方法だね。

"省事儿"は「手っ取り早い」という意味です。副詞"倒"は前の"这"を強調して、「これは（いい方法だね！）」と、「ほかと比べて〜は…」という語気を表します。

翻訳例

A：刚才有个外国人向我问路，可我不会说英语，可难住我了。
　Gāngcái yǒu ge wàiguórén xiàng wǒ wèn lù, kě wǒ bú huì shuō Yīngyǔ, kě nánzhù wǒ le.

B：用外语指路可不简单啊。那后来呢?
　Yòng wàiyǔ zhǐ lù kě bù jiǎndān a. Nà hòulái ne ?

A：我用手机查了一下地图，给他一看，他马上就明白了。
　Wǒ yòng shǒujī chále yíxià dìtú, gěi tā yí kàn, tā mǎshàng jiù míngbai le.

B：哦，这倒是个省事儿的好办法。／哦，的确这样更快一些。
　Ò, zhè dào shì ge shěngshìr de hǎo bànfǎ. / Ò, díquè zhèyàng gèng kuài yìxiē.

A：あれ、あの保険の書類どこやったっけ？　テーブルの上に置い
てなかった？

B：知らないよ。そもそも何でそんな大事なもの、ちゃんとしまっ
ておかないわけ？

A：しまおうと思って、とりあえず置いただけじゃん。昨夜までこ
こにあったはずなのに。

B：まったく子どもじゃあるまいし。あれって再発行できないで
しょ。ちゃんと探しなよ。

① どこやったっけ？

△　放在哪儿了？

このように直訳しても問題ありませんが、それでは「〜たっけ」の気持ちが
ちょっと足りません。この「〜たっけ」に当たる表現として、“〜来着 láizhe？”
という言い方があるので、ぜひ使ってみてください。“〜来着？”は文末に付けて、
忘れたことを相手に確認する意味を表します。

◎　放在哪儿来着？

またはちょっとくだけた言い方では “放哪儿来着？” のように言います。
この便利な“来着”ですが、じつは使用上の制限があるので注意しましょう。「忘
れたことを相手に確認する」という意味の“〜来着？”は基本的に疑問詞疑問
文の後に続けますが、肯定文の後に続けることはできません。

　　　他叫什么名字来着？　　彼の名前は何だっけ？
　×　他叫李轶伦来着？　　　彼の名前は李轶倫と言うんだっけ？

ただし、“来着”は「過去のことを回想する」場合にも使われます。この場合
は肯定文の後に続けることができます。

　　　小时候我经常在那里玩儿来着。
　　　子どものころ、よくそこで遊んだものだ。

なお、“来着”は、基本的に“了”や“过”とは一緒に使いません。

② 知らないよ

　　△　我不知道啊。

　もちろんこう訳してもいいのですが、ちょっとパンチが弱いですね。もっと語気を強くするには、反語文を使いましょう。

　　◎　谁知道啊?
　　◎　我怎么知道?
　　◎　我哪儿知道啊?

　また、似た表現として、"你问我，我问谁?" というちょっとおもしろい言い方もあります。よかったら活用してみてください。

③ そもそも何でそんな大事なもの、ちゃんとしまっておかないわけ？

　「そもそも」を訳すのに苦労した方が多くいましたが、残念ながら、その努力は報われませんでした……。この「そもそも」は日本語ならではの表現ですから、無理に訳さずに思い切って割愛しましょう。中国語では、次のように言えば十分です。

　　◎　那么重要的东西，你怎么不收好啊?

　かの有名な『孫子兵法』にこんなことが書いてあります。

三十六计，走为上计
三十六の計略のうち、逃げるのが一番上策である

　原文を見て「ここはうまく訳せないなあ」と悩むとき、訳さなくても意味の伝達に影響しないと判断できれば、「逃げる」というのも1つの方法です。自信がないのに無理に訳すと、たいてい蛇足になります。もちろん、勉強の面から言えば、いろいろ調べたり推敲したりすることは必要です。しかし、会話や通訳など、素早い反応が求められる場面では、上手く逃げるのも重要なことです。

④ 昨夜までここにあったはずなのに

投稿では、次のような訳が多かったです。

　　△　昨晚的确还在这儿呢。

　これはこれでいいのですが、「〜はずなのに」に込められた、いぶかるニュアンスが今一つ伝わりません。ではどうしましょう？　僕は麻婆豆腐の辛さが足りないなあと思うとき、いつも豆板醤でも一味唐辛子でもタバスコでも、何でもいいからかけてしまいます。タバスコはないだろうって？　たしかに味はちょっと変わってしまいますが、求めているのは辛さなんだからいいんです！
　まあ、それはおいといて、このいぶかるニュアンスをプラスするための調味料としては、感嘆詞 "欸éi？" や "咦yí？"、文末に付ける "呀ya"、「おかしいなあ」という意味の "奇怪" などいろいろあります。お好みでプラスしてみてください。

⑤ しまおうと思って

　　◎　我是想收好的。

　"我想收好" だけだと語気が弱すぎるので、語気を強調する "是" と "的" で挟んでみましょう。こうすると「しまおうと思ったんだよ」というニュアンスが伝わってきます。

⑥ まったく子どもじゃあるまいし

ほとんどの人が次のように訳しました。

　　△　你又不是小孩子。
　　△　真是的，已经不是小孩子了。

「まったく子どもじゃあるまいし」の訳としては満点ですが、それだけで伝え

たいことが十分伝わるでしょうか。

　ここでBさんが言いたいのは、もちろん「あなたは子どもじゃない、大人だ」ということではなく、「子どものようにしょっちゅうものをなくしたりしないで、しっかりしなさいよ」ということですね。日本語では、後者のように具体的に言わなくても伝わりますが、そのまま中国語に訳すとちょっと物足りないのです。同じ場面で、中国人ならばこのように言うかもしれません。

◎　**真是的，都这么大的人了，还像个小孩儿似的丢三落四。**
　　まったくもう、立派な大人なのに、子どもみたいにそそっかしいんだから！

　このように、翻訳においては、単に1つひとつの単語を外国語に置換するのではなく、必要に応じて言葉を補ったり、部分的に切り捨てたりすることも大事です。ただ、原文のどこをどのように取捨するのかはなかなか難しい問題ですね。この技をマスターするには、やはりネイティヴの表現にたくさん触れていかなければなりません。中国語の映画やテレビ番組を見てネイティヴの表現をたくさんインプットして、さらに中国人の友だちを作って実際にアウトプットしてみるのが一番いい方法だと思います。

翻訳例

A：**欸？那份保险资料放在哪儿来着？我记得放在桌子上了呀？**
　　Éi? Nà fèn bǎoxiǎn zīliào fàngzài nǎr láizhe？Wǒ jìde fàngzài zhuōzi shang le ya？

B：**谁知道啊？那么重要的资料，你怎么不收好啊？**
　　Shéi zhīdao a？Nàme zhòngyào de zīliào, nǐ zěnme bù shōuhǎo a？

A：**我是想收好的，只是先搁在那儿了。昨天晚上还在这儿的，奇怪。**
　　Wǒ shì xiǎng shōuhǎo de, zhǐshì xiān gēzài nàr le. Zuótiān wǎnshang hái zài zhèr de, qíguài.

B：**真是的。都这么大的人了，还像个小孩儿似的丢三落四。那资料不能重办了吧？快好好儿找找吧！**
　　Zhēnshi de. Dōu zhème dà de rén le, hái xiàng ge xiǎoháir shìde diū sān là sì.
　　Nà zīliào bù néng chóng bàn le ba？Kuài hǎohāor zhǎozhao ba！

第2章
発想の違いを考慮する

　日本人が日常的に何気なく使っている日本語の中には、意外と翻訳しにくいものがあります。内容はとても簡単なのに、中国人にとって自然な会話にするのがなかなか難しいのです。大事なのは、日本語をそのまま訳すのではなく、中国語との発想の違いを念頭に置いて、表したい意思と気持ちを伝えることです。伝え方はいろいろあって、唯一の正解はありませんが、ネイティヴに伝わる自然な表現を少しずつ学んでいきましょう。

1
A：どうも、先日はお世話様でした。
B：いやいや、こちらこそ。

→解説p.36

2
A：どうぞ召し上がれ。
B：おいしそう！　いただきます。

→解説p.37

3
A：あの件どうなりました？
B：おかげさまで何とか。

→解説p.40

4
A：あれ、近藤さんだよね？
B：住田くん？　わ〜懐かしい！

→解説p.42

5

A：今晩の食事なんだけど、会議やら報告書やらでそれどころじゃ
　　なくなっちゃったんだ。
B：えー、行けないの？　残念。
A：約束してたのにごめん。また誘って。
B：まあ、しかたないね。仕事がんばって。

→解説p.44

6

A：わあ、だいぶ派手に擦りむいたね。大丈夫？
B：さっき体育でサッカーやってて転んじゃって。
A：痛くない？　早く保健室行って消毒したほうがいいよ。
B：うん。4限遅れるかもしれないから、先生に言っといて。

→解説p.48

7

A：ちょっとこの猫の動画、見てくださいよ。癒されますよ〜。
B：やだ、かわいい！　こっちの子、毛がふわふわ！
A：こういう動画って見はじめると止まらなくなるんですよね。
B：それ私にも送ってくださいよ。疲れたときに見たいので。

→解説p.52

8

A：いらっしゃい。よく来たね。外、寒かったでしょう。
B：すっかりご無沙汰しちゃってすみません。お邪魔します。
A：こっち座って、よかったらミカンでも食べてて。すぐお茶いれ
　　るから。
B：どうぞお構いなく。これ、つまらないものですが、皆さんで召
　　し上がってください。

→解説p.56

解説 1

A：どうも、先日はお世話様でした。
B：いやいや、こちらこそ。

お世話様でした

　これは日本語に特有の表現で、どんな世話をしてもらったのか具体的に言うことなく、そもそも世話なんかしてもらっていてもいなくても、一種のあいさつ表現として使いますね。「先日はどうも」「いやいや、こちらこそ」という、さらにコンパクトなやりとりになると、外国人にとってはもう何がなんだかさっぱりわかりません。僕は日本語を習いたての頃、これは何か秘密の暗号を言っているのかとさえ思いました。

　投稿の中に、いろいろな訳し方があったことも興味深いです。

- ○　上次给你添麻烦了。
- ○　前几天非常感谢你的照顾。
- ○　上次太谢谢您啦。

どれも間違っているわけではありません。しかし、中国人が聞いたら、意味はわかるものの、いささか奇妙な感じがするでしょう。

　では、中国人同士ならどのような会話をするのかというと、それはケース・バイ・ケースだとしか答えようがありません。ただ、1つ言えるのは、具体的な内容を話すことが多いということです。何か助けてもらったのなら **"谢谢你上次帮我～" "～的事儿，给您添麻烦了"**（「～」の部分にしてもらったことを入れる）、相手に申し訳ないことをしたのなら、**"上次真对不起"** などのように言うことが多いかと思います。具体的な内容でないのなら、以下のように訳すと無難でしょう。

翻訳例

A：**上次谢谢您的关照。**　　Shàng cì xièxie nín de guānzhào.
B：**哪里哪里，应该是我感谢您才对。**
　　Nǎli nǎli, yīnggāi shì wǒ gǎnxiè nín cái duì.

36

解説 2

A：どうぞ召し上がれ。
B：おいしそう！ いただきます。

① どうぞ召し上がれ

○ **吃吧！** ／**请您吃吧！**

これが無難な訳ですが、状況によってはほかの訳し方もいろいろあります。
場面によって活用しましょう。

○ **尝尝吧！** どうぞ食べてみてください。
○ **动筷子吧！** さあ、お箸をつけましょう。

投稿には "**请慢用**" という訳がありましたが、これはレストランの店員さん
がよく言う「ごゆっくりどうぞ」という接客用語ですから、ふつうはあまり使
いません。

② おいしそう！

「おいしそう」を直訳すると次のようになりますが、中国人はあまりこのよう
な言い方をしないと思います（言う人もいるかもしれませんが、少なくとも僕
はこの言い方をしたことがありません）。

○ **看起来很好吃。** ／**看上去很好吃。**

"**看起来很好吃。**" は「見た目はおいしそう」という意味なので、同時に「実
際に食べたらどうなんだろうね」というふうにも聞こえてしまいます。そういっ
た変な「隠し味」をきかせないためには、次のような言い方が自然だと思います。

◎　**看着就好吃。**　　見るからにおいしい。

◎　**一定很好吃。**　　きっとおいしいんだろうね。

　香りのよい食べ物であれば"**好香啊！（いい匂い！）**"と言ってもいいでしょう。
　そもそも「おいしそう」という言葉は、単に食べ物の見た目についてのコメントというよりも、「食欲をそそるなあ、早く食べたいなあ」という気持ちを表すことで「相手の好意に応えるムード作り」と「ごちそうしてくださる相手への感謝」を表す、日本特有の一種のリップサービスでもあるのではないかと僕は考えています。食べ物だけでなく、プレゼントをもらったら「便利そう」「これほしかったんだ」のようなコメントで感謝を表す人もいますよね。中国人同士ではそれほど言わないように思います。

③ いただきます

　牛丼屋さんなどで1人で食事するときでも、両手でお箸を持ってちゃんと「いただきます」を言ってから食べる人を時々見かけます。日本に来たばかりのときは、なんて礼儀正しい人なんだろうと驚きながら、何となくちょっと寂しそうだなあという感じもしたのを覚えています。
　日本人にとって「いただきます」と「ごちそうさまでした」は、もともと神様が食べ物をくださったことへの感謝、または作ってくれた人への感謝の言葉であり、これを言うのは一種の儀式のようなものですね。
　さて、この「いただきます」を中国語では何と言えばいいのでしょう？

　　△　**那我吃了。**
　　△　**我要吃了。**

　これだと「じゃあ、食べちゃうよ？　本当にいいのね？」と相手にアラートを発しているように聞こえてしまいます。

自然な表現としては"那我就不客气了。(では遠慮するのをやめます＝じゃあ遠慮なくいただきます)"が一番近いのではないかと思います。ただ、これは「儀式用語」ではないので、そもそも遠慮が要らない家族同士では使いません。「え？じゃ何も言わないで無言で食べはじめるの？」っていう質問も聞こえてきそうですね。口数が少ないお父さんや反抗期の少年少女はそうかもしれませんが、ふつうは何かしゃべりながら食事を始めます。

吃吧！吃吧！	食べよう！　食べよう！
今天吃饺子呀！太好了！	今日はギョーザか！　やった！
欸？今天又吃面条啊？	えー、今日もうどんかよ。

　とにかく一般的な中国人家庭では決まった「儀式用語」はないということです。
　ちなみに、「ごちそうさま」は"我吃好了。"や"我吃饱了。"と言うのがいいと思います。

翻訳例

A：(快) 吃吧！／尝尝吧！　　(Kuài) chī ba !／Chángchang ba !

B：看着就好吃！那我就不客气了。　Kànzhe jiù hǎochī ! Nà wǒ jiù bú kèqi le.

A：あの件どうなりました？
B：おかげさまで何とか。

① おかげさまで

　この前、ある大学の教え子が中国語検定試験に合格し、うれしそうに「おかげさまで受かりました！」と報告してくれました。大勢いる履修者の中でも、その学生はとくに熱心に授業に取り組んでいた印象がありましたが、僕からは何か特別な指導をしたわけでもありません。ただ本人の努力が報われてよかったなあと、教師としては素直にうれしかったです。

　また別の場面では、ある知人が「おかげさまで、無事男の子が産まれました！」と奥さんの出産を知らせてくれたのです。「そうですか、おめでとうございます！」と、その場では反射的に祝福の言葉を贈りましたが、その後もずっと気になっていました。祝福の気持ちには少しの嘘偽りもないのですが、奥さんの安産をお祈りしたわけでもなく、「無事に産まれるといいなあ」なんてことも正直とくに考えていなかったのです。それなのに「おかげさまで」と言われて、思わず「いや、僕は別に何も……」と言いたくなりました。

　「常に感謝の心を持つ」という日本人の素晴らしい美徳。教え子も知人も、そのような気持ちで「おかげさまで」と言ったのでしょう。それは、「おかげ」の大小、直接の関わりの有無とは関係ないようです。

　ところが、これを中国語に反映させるのは難しいのです。教え子が検定試験に受かったことを教師に報告する場合は、多少なりとも関係があるので、"多亏了您（おかげさまで）"と表現できるでしょう。でも、奥さんの出産を知人に報告する場合に"多亏了您"と言うと、相手は「ちょっと、それはどういう意味？なんか勘違いでもしていませんか？」と、口にはしなくても、内心では思ってしまうかもしれません。

　回りくどい解説になってしまいましたが、簡単に言うと、中国語の感謝の言葉は実際に何かしてくれた人に使うものであり、そうでなければとくに何も言わなくてもいいのです。言えば逆に相手が戸惑うかもしれません。

この会話の場合、「あの件」についてＡさんの協力が実際にあったかどうかは読みとれませんが、おそらく同僚が仕事の進展について尋ねているだけでしょう。この「おかげさまで」は、p.36の「お世話様でした」と似たような決まり文句で、中国語ではそもそもこのような表現はしません。ですから、無理して訳さないのが一番いいと思います。

　ちなみに、"**托福**tuōfú／**托您的福**"（あなたの福・運気をいただいて〜）という表現も、「おかげさまで」にぴったりの訳だと言えます。しかし、やや古風で大げさな感じがして、現在とくに若い人はあまり使わなくなりました。これは、「あまり意味のない言葉は省く」という一種の言葉の進化と言えるのか、昔より現実的になって、感謝の気持ちが薄れてきたのか。僕自身は"**托福**"という表現があまり使われなくなったことを寂しく思っています。

② 何とか

　この「何とか」は「まずまず順調に進んでいる」という意味なので、次のように訳すとうまく伝わります。

　　◎　还算顺利吧。

　副詞"**还**"はここでは「まあまあ、まずまず」といったニュアンスで、"**算**"は「〜とみなす、〜と言える」という意味です。全体を直訳すると、「まずまず順調に進んでいると言えよう」となります。ほかに、"**还行吧**"や"**还好**"、ややくだけた口語表現"**还凑合**còuhe"なども自然な訳です。

翻訳例

A：那件事怎么样了？　Nà jiàn shì zěnmeyàng le？

B：还算顺利吧。　Hái suàn shùnlì ba.

解説 4

A：あれ、近藤さんだよね？
B：住田くん？　わ〜懐かしい！

① あれ

　中国語の感嘆詞はたくさんありますね。「あれ」に当たるものとして、よく使うのは "欸éi" "咦yí" "哟yō" "哎呀āiyā" などがあります。それぞれ発音は違いますが、驚きやいぶかりの語気を表すことには大差ありません。でも、どちらかと言えば、"欸" と "咦" はいぶかりの語気がやや強く、"哟" "哎呀" は驚きの語気がやや強いです。

② 近藤さん／住田くん

　ご存知のとおり、中国語には「〜さん」のような老若男女問わず使える敬称がありません。同級生などの関係ならフルネームや下の名前だけ、もしくはあだ名で呼ぶのが一般的です。

③ 懐かしい

　よく、日本語の表現は曖昧で中国語はストレートだと言いますが、自分の気持ちを表現することに関しては、むしろ日本語のほうが素直でストレートではないかなあと、わりと最近気がつきました。

　　　これ、君へのプレゼント。—— 本当？　うれしい！
　　　あの店なくなっちゃったの？—— うん、さびしいね。
　　　1点差で負けちゃった。—— ねえ、くやしいなあ。

　下線部の表現は日本人がごく自然に使うものですが、そのまま "高兴" "寂寞jìmò" "懊悔àohuǐ" などと訳すと不自然になってしまいます。もちろん、その気

持ちがないわけではなく、同じ場面で中国語なら次のように表現するかもしれません。

> 这个是送给你的礼物。—— 真的？你真好！　（あなた、やさしいね！）
> 那个店拆了？—— 嗯，<u>以后去不成了</u>。　（今後行けなくなっちゃうね）
> 差一分输给他们了。—— 就是啊，就差一分！　（たった1点差で！）

「全然違うじゃないか！」という声が聞こえてきそうですが、実際このような言い方をする中国人は非常に多いです。もちろん、人によってさまざまな表現をするでしょうから、あくまでも一例ですが、日本人と中国人の表現にはそれぞれ次のような傾向が見られます。

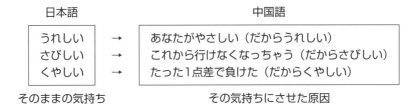

日本語		中国語
うれしい	→	あなたがやさしい（だからうれしい）
さびしい	→	これから行けなくなっちゃう（だからさびしい）
くやしい	→	たった1点差で負けた（だからくやしい）

そのままの気持ち　　　　　　その気持ちにさせた原因

このように、日本人は感じたことをそのまま表現するのに対して、中国人はその気持ちにさせた原因についてコメントをする傾向があるようです。論理的というか、つまらないというか……、それは考えないことにしましょう。

もちろん、だからといって"高兴""寂寞""懊悔"などをあまり使わないというわけではありません。ただ、日本語の「うれしい」「さびしい」「くやしい」ほど気軽に使われず、もっと重みがある言葉だということは言えると思います。"叫人高兴""让人寂寞""令人懊悔"などのように、感情を表すのに使役表現が多用されることにも、それが影響しているのかもしれません。

ということで、この会話の「懐かしい」は"怀念"という言葉を使うより、単に"好久不见了！"と訳すのが自然です。

翻訳例

A：欸？（你）是近藤吧？　Éi？(Nǐ) shì Jìnténg ba？
B：住田？！哎呀！好久不见了！　Zhùtián?! Āiyā! Hǎojiǔ bú jiàn le!

Ａ：今晩の食事なんだけど、会議やら報告書やらでそれどころじゃ
　　　なくなっちゃったんだ。
　Ｂ：えー、行けないの？　残念。
　Ａ：約束してたのにごめん。また今度誘って。
　Ｂ：まあ、しかたないね。仕事がんばって。

① 会議やら報告書やら

投稿では次のような訳がありました。

　△　不但要开会而且要写报告书
　○　因为会议和报告书什么的
　○　参加会议呀，写报告书呀
　◎　又要开会又要写报告书

以上はどれも正しい中国語ですが、"不但～而且…" は、会話ではちょっと硬
い感じがします。"又要～又要…" や "又得～又得…" などが自然な表現でしょ
う。"参加会议" はもちろん正しい表現ですが、"开会" のほうがコンパクトで
自然です。

② それどころじゃなくなっちゃった

これも、いろいろな訳し方が考えられます。

　△　没有那个时间了
　△　不可以一起吃饭了
　◎　去不了了
　◎　抽不出时间了

"没有那个时间了" は、相手との食事の時間を軽視しているようですし、"不
可以一起吃饭了" では "不可以"（～してはいけない）の語気がややきつい印象

で、どちらもちょっとぶっきらぼうな感じがします。"**去不了了**""**顾不上了**""**抽不出时间了**" などの婉曲な表現のほうがいいでしょう。また、「それどころじゃなくなった」という変化の意味を表すには、文末に"**了**"が必要なので忘れずに。

③ 残念

これは意外と訳すのが難しいです。

> △　遺憾
> ×　可惜

"**遺憾**" はフォーマルな表現で、友人同士ではあまり使いません。"**可惜**" は「もう少しのところで…」というニュアンスが強いので、ここではあまり適切ではありません。

親しい友人同士なら、ドタキャンした相手に不満の気持ちを表してもいいでしょう。「えー、行けないの？」にはそのような気持ちが含まれていますね。この不満な気持ちは "**真是的!　（もう～）**" のように表現できると思います。

④ 約束してたのにごめん。また今度誘って

投稿では、「約束してたのにごめん」の訳としてこんな表現がありました。

> △　请原谅失约的我。
> △　不守诺言，实在对不起。

これだと歌詞のように「重たい」感じで、友人同士の会話らしくありません。友人同士であれば、"**不好意思啊。**" という軽めのお詫びのほうが自然でしょう。

後半も、日本語ではよくこのように言いますが、そのまま中国語に直訳すると、上から目線な感じがして「ドタキャンしたくせに何をえらそうに！」と相手が

腹を立ててしまうかもしれません。

  △ **下次你再邀请我吧。**

  △ **有机会再约我吧。**

ここでは次のような表現が簡単で自然だと思います。

  ◎ **下次再约吧。／下次吧。**

この "**约**" は「(あなたから) 誘う」ではなく、「(双方で) 取り決める」という意味です。

⑤ しかたないね

このセリフには「諦め」以外に、「相手をフォローする」気持ちも含まれていますね。投稿に一番多かったのは次の訳ですが、これでは「それならしかたない」と諦めるニュアンスしか伝わらず、フォローの気持ちがあまり伝わってきません。

  △ **那没办法。**

そこでここでは、次のような一言を入れると、相手への思いやりを表すことができます。

  ◎ **不怪你。** あなたのせいじゃないよ。

  ◎ **没事儿。** 大丈夫だよ。

⑥ 仕事がんばって

  △ **你工作加油!**

投稿では、ほとんどの人が "**加油**" を使いました。たしかに「がんばって」

は中国語で "**加油**" ですが、じつは日本語の「がんばって」ほど多用される言葉ではありません。多くの中国人が "**加油**" と聞いて、真っ先に頭の中に浮かぶのは運動会などでの掛け声でしょう。日本語で何気なく口にする「がんばって」を "**加油**" と訳してしまうと、ちょっと大げさに（時にウザったく）感じられることもあるかもしれません。

　この場面で中国人がよくするのは、次のような表現です。

- ◎　那你忙工作吧。
- ◎　那你忙吧。

この "**忙**" は形容詞ではなく、「忙しく働く」という意味の動詞です。

翻訳例

A：**本来说好今天晚上去吃饭，可我又得开会，又得写报告，去不成了。**
Běnlái shuōhǎo jīntiān wǎnshang qù chī fàn, kě wǒ yòu děi kāihuì, yòu děi xiě bàogào, qùbuchéng le.

B：**啊？去不成了？真是的！**　　Á? Qùbuchéng le? Zhēnshi de!

A：**真不好意思啊。下次吧。**　　Zhēn bù hǎoyìsi a. Xià cì ba.

B：**这也不怪你。那你忙工作吧。**　　Zhè yě bú guài nǐ. Nà nǐ máng gōngzuò ba.

> A：わあ、だいぶ派手に擦りむいたね。大丈夫?
> B：さっき体育でサッカーやってて転んじゃって。
> A：痛くない?　早く保健室行って消毒したほうがいいよ。
> B：うん。4限遅れるかもしれないから、先生に言っといて。

① だいぶ派手に擦りむいた

「派手に」はケガの状態がひどいことを表すので、**"厉害"** でよさそう。「擦りむく」は辞書を調べたら **"擦破"** と載っているから、これを使おう。ケガの状態を言っている文だから、[動詞＋**"得"**＋様態補語] の形で……と考えたかもしれませんが、残念ながらこれは間違った文です。

✕　你擦破得很厉害

"擦破" は [動詞 **"擦"** ＋結果補語 **"破"**] という形になっており、結果補語の後にさらに様態補語をとることはふつうしません。そんなの知るかって?　まあまあ、怒らないで、この機会に覚えましょう。

では、結果補語を使わないで動詞 **"擦"** だけではどうかというと、それもちょっと不自然です。**"擦"** だけでは単に「擦る」という意味で、**"破"** と一緒でないと、ケガの意味にならないからです。そこで、ここでは **"擦"** ではなく、「ケガをする」という意味の **"伤"** を使いましょう。

◎　**你怎么伤得这么厉害?**

◎　**你怎么伤成这样?**

② 大丈夫?

これはとくに解説する必要がなさそうですが、疑問助詞 **"吗"** の代わりに、よく推量の語気を表す **"吧"** を使うことに注意しておきたいです。

◎　没事儿吗?／没事儿吧?

◎　不要紧吗?／不要紧吧?

　人がケガをしているのに、「大丈夫でしょう？」「大丈夫ですよね？」はちょっと変な感じがするかもしれませんが、これは中国語として非常に自然な言い方です。

　この "吧" は「推量」というよりも、「大丈夫だといいけど、どうかな？」という期待と心配が入り混じった気持ちが込められているのです。ですから、"没事儿吧?" や "不要紧吧?" は決して冷たい言い方ではなく、逆に優しさと親しみが込められた魔法の言葉なんです！（な～んて大げさかな？）

　もう1つ例を挙げましょう。久しぶりに知り合いのおばあちゃんに会うとします。「ご無沙汰していますが、お元気ですか」と言うとき、中国人はよく "好久没来看您了，身体还好吧?" と言います。単に事実を確認するだけの "身体还好吗?" よりも、"身体还好吧?" のほうが温かみが感じられるのです。

③ 痛くない？

　そのまま訳すとこうなりますが、ちょっと不自然です。

△　不疼吗?

　これだと、「（派手に擦りむいたのに）痛くないの？」というニュアンスが感じられます。こう聞かれると、相手は "当然疼了！" と言い返しそうですね。

　この場合は、次のように訳すと余計なニュアンスが出なくて自然です。

◎　疼吗?／疼不疼?

　よく考えてみれば、ケガしているのだから痛いのは決まっているのに、「痛い？」と聞くのはそもそも変だと思うかもしれません。しかし、文脈を考えれば、実際に「痛みがあるのか」を聞いているのではなく、「痛いよね。かわいそうに」という慰めの表現として使われています。よって、"(一定) 很疼吧?"（（きっと）痛いでしょう？）と訳してもOKです。

④ 早く保健室行って消毒したほうがいいよ

　「保健室」はそのまま "**保健室**" と言ってもいいのですが、"**医务室**" という言い方のほうがより一般的です。学校の "**医务室**" なら "**校医室**" とも言います。
　「消毒する」は "**消毒**" でいいのですが、これは離合動詞なので注意が必要です。離合動詞とは、［動詞＋目的語］型の2音節動詞のこと。よく使うのは "**结婚**（結婚する）"、"**离婚**（離婚する）"、"**排队**（列に並ぶ）"、"**洗澡**（入浴する）" などですね。数量表現やほかの文法成分は、動詞と目的語の間に入ります。

　　✕　消毒一下　　→　　◎　消一下毒

　また、離合動詞の重ね型はAABの形になるので、"**消毒**" を重ね型で言うなら "**消消毒**" になります。
　ちなみに "**摔跤** shuāijiāo（転ぶ）" も離合動詞なので、「（1回）転んだ」は "**摔了一跤**" という形になります。

⑤ 4限遅れるかもしれない

　「遅れる」は "**迟到**" でいいのですが、"**迟到**" は自動詞、つまり目的語をとることはできないので、「○○に遅れる」を "**迟到**○○" とは言えません。

　　✕　可能迟到第四节课
　　◎　第四节课可能会迟到

可能性を表す助動詞 "**会**" も活用しましょう。
　また、「間に合わない」という意味の "**赶不上** gǎnbushàng" なら目的語をとることができます。

　　◎　赶不上第四节课

中国語には「〜かもしれない」という推量・推測の表現がいくつかあります。使い方に少し違いがありますので、ここで確認しておきましょう。
　まず副詞の "**可能**" と "**也许**" はほとんど同じ意味ですが、"**可能**" は前に "**不**"

や "很" を付けて、"不可能（〜の可能性がない）" や "很可能（〜の可能性が高い）" と表現できます。一方、"也许" は前に "不" や "很" を置いて修飾することはできません。また、"可能" には名詞の用法がありますが、"也许" にはありません。

- ○ **很可能**赶不上　　間に合わない可能性が高い
- × **很也许**赶不上
- ○ 有赶不上的**可能**　　間に合わない可能性がある
- × 有赶不上的**也许**

　"恐怕" も推測・推量を表す副詞で、ほとんどの場合 "可能" "也许" と言い換えられますが、よくない結果を予測して使われることが多いです。また、"恐怕" は後ろに否定の表現が来ることが多いのですが、"也许" は肯定・否定いずれにも同じように用いられるという違いがあります。

　この会話では、"可能" "也许" "恐怕" のどれを使っても問題ありません。

翻訳例

A：哎呀，你怎么伤成这样？没事儿吧？
　　Āiyā, nǐ zěnme shāngchéng zhèyàng？Méi shìr ba？

B：刚才上体育课踢足球的时候摔了一跤。
　　Gāngcái shàng tǐyù kè tī zúqiú de shíhou shuāile yì jiāo.

A：疼不疼？你快去医务室消消毒吧！
　　Téng bu téng？Nǐ kuài qù yīwùshì xiāoxiao dú ba！

B：嗯。第四节课也许会迟到，你替我跟老师说一声。
　　Ng. Dì sì jié kè yěxǔ huì chídào, nǐ tì wǒ gēn lǎoshī shuō yì shēng.

解説 7

A：ちょっとこの猫の動画、見てくださいよ。癒されますよ〜。
B：やだ、かわいい！　こっちの子、毛がふわふわ！
A：こういう動画って見はじめると止まらなくなるんですよね。
B：それ私にも送ってくださいよ。疲れたときに見たいので。

① この猫の動画

　「動画」はそのまま "动画" と訳しても問題ありませんが、インターネット上の動画はよく "视频 shìpín"（音声の場合は "音频"）と呼ばれます。"动画片" は「アニメーション」の意味なので、ここで言う「動画」とは違いますね。"动画" と "视频" の量詞には "个" または "段" を使います。
　「猫」は "小猫" や "猫咪" と訳すと、「ネコちゃん」「にゃんこ」といったイメージになり、かわいらしさがアップします。

② 癒されますよ

　「癒す」について、多くの辞書には "治疗 zhìliáo" や "治愈 zhìyù" のような「病気やケガを治す」という意味の訳語しか載っていません。「心のケアをする」という意味を表すには "抚慰 fǔwèi" や "慰藉 wèijiè" などの動詞がありますが、いずれも硬い文学的表現で、気軽な会話では使いにくいものです。
　では、かわいい猫の動画を見て「癒される」と言いたいときは、どう表現すればいいでしょうか。現時点ではぴったりの訳語はないとしか言えませんが、同じ場面で、多くの中国人はかわいさを強調するコメントをすると思います。

　　◎　真可爱!
　　◎　可爱死了!
　　◎　可爱得不得了!

　また、最近では日本語の「萌え」に由来する "萌 méng" もよく使われますから、次のような言い方も現代風でいいかもしれません。

52

◎　真是萌死了！

　いずれにしても、ストレートに対象をほめる言葉を発するのが一般的でしょう。同じように、温泉に入って「癒される」なら "**真舒服啊！**"、きれいな風景を見て「癒される」なら "**真是太美了！**" などのように言います。

　最近は日本語の影響で "**被治愈了**（癒された）"、"**治愈系**（癒やし系）" のような言い方も時々聞くようになりましたが、日本文化になじみのない一般の中国人にとっては奇妙な言い方に聞こえるでしょう。しかし、言葉は生きているものです。そのうち中国でも "**治愈**" が「心のケア」という意味を持つようになって、辞書での市民権を得られる日も来るかもしれませんね。

③ やだ、かわいい！　こっちの子、毛がふわふわ！

　この「やだ」はもちろん "**讨厌**" ではなく、感動を表す感嘆詞なので、"**哎呀**" や "**啊**" などと訳すとよいでしょう。

　「ふわふわ」には "**毛茸茸**" というとても近い表現があります。このABB型の形容詞の重ね型を述語に用いる場合は、後ろに助詞 "**的**" を付けなければいけないので注意が必要です。ほかに "**软绵绵**" "**轻飘飘**" を使った人もいたので、ついでに意味の違いを見ておきましょう。

毛茸茸 máoróngróng	小動物やぬいぐるみなど、細くて柔らかい毛がふわふわしているさま。「毛が柔らかい」というのがポイント。
软绵绵 ruǎnmiánmián	布団やスポンジケーキなど、ふんわりと軟らかいさま。また、ぐにゃぐにゃになって力が入らないさま。「（硬度が）軟らかい」というのがポイント。反対語は "**硬邦邦** yìngbāngbāng（ゴワゴワ、かちかち）"。
轻飘飘 qīngpiāopiāo	風船や羽などが軽やかにふわりと浮き漂うさま。また、動作が軽くて素早いさま。「（重量が）軽い」というのがポイント。反対語は "**沉甸甸** chéndiàndiàn（ずっしりと重い）"。

「止まらなくなる」は助動詞 "能" を使って表現したくなりますが、ここは可能補語の形で表現すべきところです。

　　×　不能停
　　◎　停不下来

"不能" には「〜してはいけない」という禁止のニュアンスが含まれるので、結果補語・方向補語から派生した可能補語は、ふつう "不能〜" に言い換えられません。

"停不下来" の "〜下来" は「安定、定着」の意味を表す方向補語の派生義です。似た表現として "停不住" でもいいでしょう。

また、次のような訳し方もなかなか自然です。

　　◎　一看起来就没够

ほかに "没完没了 méi wán méi liǎo"（エンドレスだ）と訳した人もいましたが、これはふつう好ましくないことに使います。

　　　　　　雨没完没了地下着　　雨が延々と降っている
　　　　　　没完没了的会议　　　なかなか終わらない会議

日本語は「それ」ですが、指しているのは今話題にしている、目の前にある動画のことなので、中国語では "这个" と言わなければいけません。

「送る」という意味の動詞はたくさんあって、投稿にもいろいろ出てきました。復習がてら、ちょっと整理してみましょう。

　　送　　（ものを）届ける、運送する　　送货
　　　　　（人を）送る、見送る　　　　　送孩子去幼儿园
　　　　　プレゼントする　　　　　　　　送生日礼物

发	（ものを）発送する		发货
	（情報を）送る、出す		发邮件／发传真
传	（情報を）伝える、転送する		传命令
			上传照片 （写真をアップロードする）
寄	郵便で送る		寄信／寄包裹

「動画を送る」なら、"发" または "传" がいいですね。

◎　你把这个给我发（／传）过来吧。

⑥ 疲れたときに見たいので

　「～ので」は "因为" と訳してしまいがちですが、ここはシンプルに "累的时候看" とだけ言ったほうが自然です。因果関係を表す "因为～，所以…" のセットはわりと重みがあるので、日常会話ではそれほど多用されません。たとえば、「用事があるので、先に失礼します」を "因为我有事，所以先走了" と言うのはくどい感じがして不自然です。"我有事，先走了" だけで十分ですね。

　また、"累的时候看" の後ろに "肯定解乏（きっと疲れが取れる）" を加えると、より言いたいことが明確になって、中国語としてしっくり来ます。

翻訳例

A：你看这个猫咪的视频，真是萌死了！
　　Nǐ kàn zhège māomī de shìpín, zhēnshi méng sǐle !

B：啊！好可爱啊！这边的猫咪毛茸茸的！
　　À ! Hǎo kě'ài a ! Zhè biān de māomī máoróngróng de !

A：这种视频一开始看就停不下来了。
　　Zhè zhǒng shìpín yì kāishǐ kàn jiù tíngbuxiàlái le.

B：你把这个给我传过来吧，累的时候看肯定解乏。
　　Nǐ bǎ zhège gěi wǒ chuánguolai ba, lèi de shíhou kàn kěndìng jiěfá.

A：いらっしゃい。よく来たね。外、寒かったでしょう。
B：すっかりご無沙汰しちゃってすみません。お邪魔します。
A：こっち座って、よかったらミカンでも食べてて。すぐお茶いれ
　るから。
B：どうぞお構いなく。これ、つまらないものですが、皆さんで召
　し上がってください。

① よく来たね

　「よく来たね」には、「忙しいのによく来てくれたね」や「遠いのによく来て
くれたね」などの気持ちが含まれていて、相手への感謝を表す言葉だと言えます。
一方、同じ歓迎の言葉として、中国人は「あなたが来るのをずっと楽しみにし
ていた」という気持ちを込めて、"**你来了！**"「（ああ、やっと）来たのね（よかっ
た！）」という言い方をすることが多いです。簡単な一言ですが、日本人は常に
相手に気を遣い、相手が「してくれた」ことに感謝の気持ちを表すのに対して、
中国人は自分の気持ちをストレートに表す、という文化の違いがうかがえるの
ではないかと思います。

② すっかりご無沙汰しちゃってすみません

　△　好久没见，真不好意思。

　こう訳した人が多かったのですが、"**好久没见**"や"**好久不见**"は単に「お久
しぶりです」という意味なので、「すみません」という謝罪の言葉とは繋がりに
くい感じがします。この「すみません」は「長い間会いに来なくて申し訳ない」
という気持ちから発した言葉なので、次のように訳すのが自然です。

　◎　好久没来看您／你们（了），真不好意思。

　◎　真不好意思，很久／这么久没来。

　"（✗）久违了，不好意思。"と訳した人もいましたが、"久违jiǔwéi了"も"好

久没见" と同じ意味の、より硬い表現ですから、やはり不自然です。

③ よかったらミカンでも食べてて

そのまま訳すと、次のようになります。

△　如果你喜欢，就吃橘子吧。
△　你想吃的话，就吃橘子吧。

　文法的には問題ない文ですが、ちょっと違和感があります。多くの日本人は
いつも相手のことを思いやって言葉を選びます。「ミカンを食べなさい」という
言い方だと、少し押し付けがましい感じがするから、「（無理しなくていいけれ
ど）よかったら」と言うのでしょう。ところが、中国式の「おもてなし」には、
この押し付けがましさが必要なのです。"你想吃的话，就吃橘子吧。" のような
言い方では、かえって冷たい感じがします。相手は「どうしても食べたいとい
うなら、まあ、食べてもいいんだけどね」というニュアンスだと受け止め、本
当は食べたくても遠慮してしまうことになるでしょう。ですから、「よかったら」
はあえて訳さないほうが自然だと思います。

◎　你吃橘子吧。
◎　你先吃点儿橘子吧。

　なお、下の文の "点儿" は「量が少ない」という意味ではなく、「動作を気軽
に行う」ニュアンスを出すために使われています。

④ どうぞお構いなく

これは決まり文句がありますので、丸ごと覚えて使いましょう。

◎　别忙了／别忙乎了。
◎　别张罗了。　　Bié zhāngluo le.

ほかに"別費心了"と訳した人がいました。"費心"は「気を遣う」という意味ですから、"別費心了"（気を遣わないでください）でよさそうな感じがしますが、"費心"は"担心"と近い意味で、「心配する、煩わす」というニュアンスが強く、"让您費心了"（ご心配をおかけしました）のように使います。ここで使うにはちょっと大げさな感じがしますね。

"別客气"と訳した人もいましたが、これは「遠慮しないでください」という意味で、ホスト側が客に対して言うセリフです。

⑤ これ、つまらないものですが、皆さんで召し上がってください

　△　这不是什么好东西

前半をこのように言ってしまうと、中国人は「だったら持って来るな！」と不愉快な気持ちになるでしょう。

「つまらないもの」というのも日本人らしい思いやりの言葉ですが、中国人には禁句です。日本人は相手に負担をかけたくないために、「大したものではないから、気軽に受け止めてね」という気持ちで言うのでしょう。中国人は逆に、「これはすごくおいしいから、あなたのためにわざわざ買ってきたんだよ」と、お土産を大々的にアピールするのが一般的です。恩着せがましいと思うかもしれませんが、これが文化の違いです。中国人の間では、自分が持ってきたお土産をアピールすることによって相手に対する敬意と愛情を表し、相手もそれによって愉快な気持ちになります。どちらも相手に対する思いやりですが、表現が真逆なところがおもしろいですね。

もちろん、文化の違いだと言っても、過剰にアピールすることはよくありません。とにかくわざわざ貶めることはしなくていいのです。

　◎　这是（我的）一点儿小意思，（请）大家尝尝。

以上を踏まえて訳すと右ページの翻訳例①のようになりますが、吹き替えの外国映画のようで、なんだか「翻訳くさい」感じがします。たとえば、中国では親戚関係であれば"打扰您了"のようなセリフはよそよそしく感じるので、

ふつうあまり使わないでしょう。

　というわけで、ご参考までに、翻訳例②「一般中国人家庭バージョン」を作ってみました。ぜひ中国人になりきって、大きい声で演技しながら読んでみてくださいね。

翻訳例①

A：你来了！欢迎欢迎！外面挺冷的吧！
　　Nǐ lái le ! Huānyíng huānyíng ! Wàimiàn tǐng lěng de ba !

B：好久没来看您了，真不好意思。打扰您了。
　　Hǎojiǔ méi lái kàn nín le, zhēn bù hǎoyìsi. Dǎrǎo nín le.

A：你坐这儿。先吃橘子吧，我去给你倒茶。
　　Nǐ zuò zhèr. Xiān chī júzi ba, wǒ qù gěi nǐ dào chá.

B：您别忙了。这是我的一点儿心意。大家尝尝吧！
　　Nín bié máng le. Zhè shì wǒ de yìdiǎnr xīnyì. Dàjiā chángchang ba!

翻訳例②

A：你来了！外面冷吧，快进来，快进来！
　　Nǐ lái le ! Wàimiàn lěng ba, kuài jìnlai, kuài jìnlai !

B：好久没来看您了，您身体还好吧？ [*1]
　　Hǎojiǔ méi lái kàn nín le, nín shēntǐ hái hǎo ba ?

A：还行吧。你快坐。先吃橘子吧，我去给你倒茶啊。
　　Hái xíng ba. Nǐ kuài zuò. Xiān chī júzi ba, wǒ qù gěi nǐ dào chá a.

B：您别忙了。这是我给大家带的一点儿点心。
　　Nín bié máng le. Zhè shì wǒ gěi dàjiā dài de yìdiǎnr diǎnxin.

A：哎呀，这孩子！来就来吧[*2]，怎么还带东西呀？
　　Āiyā, zhè háizi ! Lái jiù lái ba, zěnme hái dài dōngxi ya ?

B：嗨[*3]，一点儿心意嘛！　　Hāi, yìdiǎnr xīnyì ma !

*1　ご年輩の方に久しぶりに会うときは"您身体还好吧？"と言うことが多いです。
*2　「来るなら来るだけでいいのに！」という意味です。
*3　"嗨"は「いやいや、そんなの当たり前じゃないですか！」というニュアンスです。

第3章

意図を汲み取る

まったく同じセリフでも、場面によって意味が違うことがあります。話し手が伝えたいのは、いつも文字通りの意味とは限らないからです。状況や相手との関係から話し手のメッセージを汲み取り、それが伝わるように訳すのは簡単ではありません。課題を見ながら、1つずつ考えてみましょう。

1
A：就活うまくいってる？
B：うーん、ぼちぼち。

→解説 p.62

2
A：いやあ、よくやってくれたね。
B：恐れ入ります。

→解説 p.64

3
A：さっきはよくもやってくれたね。
B：申し訳ございません。

→解説 p.64

4
A：新聞、知らない？
B：リビングじゃないの。

→解説 p.66

5
A：佐藤さんて、もしかして出身は九州のほう？
B：よくわかったね。実家は福岡なんだ。
A：うちも親戚が福岡にいるんだけど、なんとなく話し方が似てるなと思って。
B：ああ、イントネーションとか、やっぱり癖が出ちゃうんだよね。

→解説 p.67

6

A：あれ、髪短くなってる！　新鮮だね。
B：友だちに老けて見えるって言われたの！
A：うーん、たしかに大人っぽくなったかな。
B：無理しなくていいよ……

→解説p.70

7

A：夜、いびきうるさくなかった？　ビール飲みすぎたからな。
B：いびきどころか寝言も言ってたよ。
A：えっ、なんて言ってた？
B：「バカヤロー！　バカヤロー！」って。ストレスたまってるんじゃない？

→解説p.74

8

A：この女優さん、名前なんだっけ？　度忘れしちゃった。
B：なんだっけ？　たしか神部なんとか子じゃなかった？　あー、気になる！
A：あ、思い出した。神部葉子じゃない？
B：そうだった！　あー、すっきりした。

→解説p.78

9

A：じつはこの前、クレジットカードを悪用されちゃってさ。
B：えっ！　それは大変だったね。最近そういうの多いって聞くけど。
A：カード会社から電話があって驚いたよ。すぐ止めてもらったから被害はなかったけど。
B：やっぱりネットショッピングばかりに頼ると危ないかもね。

→解説p.82

解説1　A：就活うまくいってる？
B：うーん、ぼちぼち。

① 就活うまくいってる？

「学食」「路駐」「合コン」「元カノ」「デパ地下」……日本人は略語が好きですね。中国語にも、**"超级市场"** を略した **"超市"** のような単語は少なくありませんが、日本語に比べたらだいぶ少ないでしょう。

「就職活動」を略して「就活」ですが、もちろん中国語でそのまま **"（✕）就活"** と言っても通じるわけがありません。**"就职活动"** なら意味はわかってもらえるかもしれませんが、自然な中国語ではないですね。中国語では **"找工作"** と言うのが一般的です。

　　◎　**找工作顺利吗?**

または様態補語の形で表現するのもネイティヴらしくて自然です。「どうなった？」と進展・変化について尋ねているので、文末には **"了"** が付きます。

　　◎　**工作找得怎么样了?**

② ぼちぼち

『広辞苑（第6版）』では、「ぼちぼち」を「物事の進行がわずかで緩慢なさま」と解釈しています。なるほど、それで **"慢慢的"** と訳した人がいたわけですね。しかし、**"慢慢的"** は「（動作が）ゆっくり、そっと、急がずに」という意味で使われるので、ここでは不適切です。この「ぼちぼち」は「まあなんとか進んでいる」というニュアンスなので、こう訳すのがぴったりだと思います。

◎ 还行吧。

「それほどでもないけど、まあ一応」という控えめなコメントとして非常に便利ですので、どんどん活用してみてください。

　また、"马马虎虎" と訳した人も、問題なく通じると思いますが、僕には今一つしっくり来ませんでした。"马马虎虎" は「まあまあだ、なんとか間に合っている」という意味で、何かの出来具合や程度などを言うときよく使いますが、「なんとか進んでいる」という状態を表現するにはちょっと合わないような気がします。また、「いい加減だ、おっちょこちょいだ」という意味もあり、"找工作" のような話題で使うと誤解される恐れもあるので、避けたほうがいいかもしれませんね。

翻訳例

A：找工作顺利吗？／工作找得怎么样了？
　　Zhǎo gōngzuò shùnlì ma？/ Gōngzuò zhǎode zěnmeyàng le？

B：嗯，还行吧。　　Ňg, hái xíng ba.

① よくやってくれたね

　これは相手をほめている言葉ですね。次のように様態補語の形で表現しましょう。

　　◎　你做得太棒了
　　◎　你干得好

　"（✕）真做得好" のように、程度副詞を動詞の前に置いてしまう誤りがよく見られます。程度副詞は様態補語の部分に置き、"做得真好" とすれば正しい文になります。

② よくもやってくれたね

　これは皮肉な言い方で、相手への怒りがこめられた表現ですね。中国語にも似た表現があります。

　　◎　你给我干了一件好事

　「よくも」と語気を強めるには、副詞 "可" を付けるとよいでしょう。
　ただ、この文は言い方によってほめる表現にもなりうるので、皮肉や非難のニュアンスを出すには、"好事" を強めに言いましょう。

△　亏kuī 你做得出来

　こう訳した人もいましたが、**"做得出来"** は可能補語の形なので「よくもこん
な（ひどい）ことができるね」という意味になり、相手がやったことのひどさ
を強調する言い方です。こちら側が不利益を被ったことを強調する「よくもやっ
てくれたね」とは、ちょっとニュアンスが違いますね。

　このように、ほぼ同じ日本語でも、文脈によって意味がまったく異なること
もあります。中国語に訳すときには注意が必要ですね。

翻訳例

A：（这件事）你做得太棒了！　(Zhè jiàn shì) nǐ zuòde tài bàng le！
B：您过奖了。　Nín guòjiǎng le.

翻訳例

A：刚才你可给我干了一件好事啊！
　　Gāngcái nǐ kě gěi wǒ gànle yí jiàn hǎo shì a！
B：对不起。　Duìbuqǐ.

A：新聞、知らない？
B：リビングじゃないの。

① 新聞、知らない？

　これは「新聞はどこにあるか、知ってる？」という意味で、要するに新聞の場所を聞いているわけですね。ものの所在について聞くとき、日本語ではよく「○○、知らない？」と否定の形で聞きますが、そのまま訳したらおかしな中国語になってしまいます。

> ×　报纸，不知道吗?

　動詞 "知道" を使うなら、"你知道报纸在哪儿吗？" とは言えますが、むしろ "知道" を使わないで訳したほうが自然です。

> ◎　报纸在哪儿? ／报纸放哪儿了?
> ◎　你看见报纸了吗?

　または、もっとコンパクトに "报纸呢？" だけでも十分意味が伝わります。

② リビング

　「リビング」を日中辞典で引くと、"起居室" と訳してありますね。しかし、"起居室" は英語の living room の訳語で、日常ではあまり使いません。
　中国人は家の間取りを言うとき、よく"三室一厅"のような言い方をします。"室" とは "卧室"（寝室）で、"厅" とは "客厅"（客間）のことです。日本語で言う「茶の間、居間」つまり「リビング」は "客厅" と表現するほうが適切でしょう。

翻訳例

A：**报纸放哪儿了?**　　Bàozhǐ fàng nǎr le ?　／**报纸呢?**　　Bàozhǐ ne ?
B：**在客厅吧。**　　Zài kètīng ba.

A：佐藤さんて、もしかして出身は九州のほう？
B：よくわかったね。実家は福岡なんだ。
A：うちも親戚が福岡にいるんだけど、なんとなく話し方が似てる
　　なと思って。
B：ああ、イントネーションとか、やっぱり癖が出ちゃうんだよね。

① もしかして

「もしかして」という日本語を見て、**"也许"** と訳した人が多くいましたが、**"也许"** は日本語の「〜かもしれない」に近い言葉です。日本語でも、目の前にいる相手に対して「（あなたの）ご出身は九州のほうかもしれませんね」とは言いませんよね。自分の推測を相手に確かめたいときは、**"也许"** を使わずに **"是不是〜？"** と尋ねるのが自然です。この **"是不是〜？"** は「そうなのか否か」を尋ねているのではなく、「ひょっとして〜？」というニュアンスを表します。

なお、**"说不定"** も **"也许"** と同じ用法なので、ここでは使えません。

② よくわかったね

これも「気持ちを訳す」ことが求められる文ですね。ここでは「よく」をそのままに **"好"** と訳してもしかたがありません。この文は要するに「当たり！」「へえ、すごい！」「なんでわかったの？」といった気持ちを表しているので、同じ気持ちを表す中国語を考えてみましょう。

◎　**你猜对了！**
◎　**你怎么猜到的？／你怎么知道的？**

あるいは **"你听得出来吗？真厉害！"** というのも、うまく気持ちを表現していると思います。

③ うちも親戚が福岡にいるんだけど

　次のように訳した人が多かったのですが、これでは「私の親戚も福岡に住んでいる」、つまり「私の親戚は（みんな）福岡に住んでいる」とも解釈されかねません。

　　△　我的亲戚也住在福冈

　逆に、"（一）个"や"一家"と限定してしまうと、また原文と意味のずれが出てしまいます。

　　△　我家在福冈也有个亲戚
　　△　我的一家亲戚也在福冈

　原文にもっとも近い訳としては、次のような言い方がいいでしょう。

　　◎　我也有住在福冈的亲戚
　　◎　我也有亲戚住在福冈

　下の"有亲戚住在福冈"は一種の連動文で、["有"＋A（名詞）＋B（動詞句）]で「BするAがある／いる」という意味になりますが、このような中国語らしい表現が使えるようになるといいですね。

④ なんとなく話し方が似てるなと思って

　この「なんとなく」はなかなか訳しにくい言葉です。ここでは"觉得"の前に副詞"总"を置けば、「どうも〜、なんとなく〜」というニュアンスが出ます。とても自然で便利な表現なので、ぜひ覚えておきましょう。

⑤ やっぱり癖が出ちゃう

　投稿ではいろいろな訳し方が出てきて、同じ訳がまったくないほどでした。「出

ちゃう」には、「不本意ながら、知らず知らず、無意識に」といったニュアンス
が含まれています。これをネイティヴらしく表現するなら、次のようになるで
しょう。

◎　**有时还是会带出点儿口音的。**

"**带（点儿）口音**" は「（少し）なまりがある」という意味で、"**带出**" と言え
ば「無意識に出てしまう」というニュアンスになり、これだけで「癖が出ちゃう」
の意味を表現できます。また "**会～的**" を使うことによって、必然的にそうなっ
てしまうというニュアンスも加味されます。もし「知らず知らず」という語気
を強めたければ、その前に "**不知不觉地**" "**自然而然地**" "**无意识地**" などを置
きましょう。

ちなみに "**不由得**（思わず、不本意ながら）" という言い方もありますが、こ
れは「気持ちが抑えられない」というニュアンスが強いので、ここでは使えま
せん。

她不由得掉下了眼泪。　　彼女は思わず涙をこぼした。

翻訳例

A：佐藤，你是不是九州人啊？／你老家是不是九州那边的啊？
　　Zuǒténg, nǐ shì bu shi Jiǔzhōurén a ? / Nǐ lǎojiā shì bu shi Jiǔzhōu nàbian de a ?

B：欸？你怎么知道的？我老家在福冈。
　　Éi ? Nǐ zěnme zhīdao de ? Wǒ lǎojiā zài Fúgāng.

A：我家也有亲戚在福冈，总觉得你们的口音有点儿像。
　　Wǒ jiā yě yǒu qīnqi zài Fúgāng, zǒng juéde nǐmen de kǒuyīn yǒudiǎnr xiàng.

B：哦，语调什么的，有时还是会带出点儿口音的。
　　Ò, yǔdiào shénme de, yǒushí háishi huì dàichu diǎnr kǒuyīn de.

A：あれ、髪短くなってる！　新鮮だね。
B：友だちに老けて見えるって言われたの！
A：うーん、たしかに大人っぽくなったかな。
B：無理しなくていいよ……

① 髪短くなってる！

そのまま訳すと不自然になってしまうので、中国語は「髪がカットして短くなった」というふうに、［動詞＋結果補語］の形 "剪短" を使うのがふつうです。

×　头发短了!
◎　头发剪短了!

カットして短くなるのは当然なことで、必要のない、くどい表現のように見えますが、"吃饱"（食べてお腹がいっぱいだ）や "喝醉"（飲んで酔っぱらう）などのように、中国語は［動詞＋補語］の2段階で動作の結果や状態などを表現するのが一般的です。結果補語の前の動詞は具体的な意味を表すのではなく、ただ形式的に使われていることもよくあります。

なお、髪をカットしたり染めたりするような、何らかの動作によって変化や結果をもたらす場合には、"把" 構文を使うとよりネイティヴらしくなります。次のように訳せば、原文の語気がきちんと表現できるでしょう。

◎　你把头发剪短了啊!

文末の "了啊" は "啦 la" と同じ働きです。

② 新鮮だね

「新鮮」をそのまま "新鲜" に訳すと、「珍しい」というニュアンスが強くなってしまいます。ここでは「ショートの髪型が珍しい」というより、「（いつもの髪型と違うから）雰囲気・印象が変わっていて目新しい感じがする」という意

味を表しているので、次のように訳すのがふさわしいでしょう。

- ◎ 印象跟以前大不一样啊。
- ◎ 感觉跟以前不一样啊。

③ 友だちに老けて見えるって言われた

「老けて見える」は、投稿では次のような訳がありました。

- ◎ 看起来有点儿老
- ◎ 看上去有点儿老

"**看起来**" "**看上去**"（見たところ〜）のような方向補語の派生義の使い方はなかなか出てこないものですが、よくできました。あっぱれです！

同じ意味で、ほかに "**显老**" という言い方もあります。簡潔で自然な表現ですので、ぜひ覚えて使ってみましょう。

また、日本語は「友だちに〜って言われた」のように受身の形で表現しますが、この場面では、中国語も受身文にしてしまうと不自然です。

- △ 我被朋友说……
- ◎ 朋友说……

"**朋友**" を主語にしてふつうの語順で言いましょう。よくある間違いですので、注意してくださいね。

さらに中国語では、「髪を短く切って、老けて見える」のように訳したほうが、よりわかりやすくなります。

- ◎ 朋友说我留短发显老。
- ◎ 朋友说我留短发看起来有点儿老。

"**留**" にはもともと「生やす」という意味がありますが、"**留〜**" の形で「〜の

髪型にする」という意味にもなります。

　中国語の "大人" は "小孩儿"（子ども、小人）に対して、「成人」や「保護者」
などの意味で使うことが多いです。

> **大人说话，小孩儿不要插嘴。**
> 大人が話しているとき、子どもは口を挟んではいけない。
>
> **门票大人100块，小孩儿半价。**
> 入場券は大人は100元、子どもは半額です。

　ですから、「大人っぽい」は "好像大人" などではなく、形容詞 "成熟" を使っ
て表現しましょう。

> ◎　**好像变得成熟了**　　大人っぽくなった

　ちなみに、"大人" の類義語として "成人" がありますが、"成人" は "成人影
片"（アダルト映画）、"成人保健商店"（アダルトショップ）のように使われる
ことがあります。また、日本語の「保護者」は中国語で "家长 jiāzhǎng" と言い
ます。

投稿の中にも上手な訳がたくさんあったので、ご紹介しましょう。

> ◎　**你别勉强啦。**　　　　　　無理しなくていいよ。
> ◎　**你直说也没关系的。**　　　率直に言っても大丈夫だよ。
> ◎　**你不用这样安慰我。**　　　そんなふうに慰めてくれなくていいよ。

　ほかに、"别安慰我了"（もう慰めなくていいよ）、"不用勉强夸我了"（無理に
ほめてくれなくていいよ）など、自然な表現はいろいろありますが、今回の一

押しは次の訳です。

◎　你不用硬夸我了。　　　　無理にほめてくれなくていいよ。

"硬"には「無理やりに～、無理して～」という副詞の用法があります。よく使うので、ぜひ覚えておきましょう。

他硬挤上了公交车。
彼は無理やりにバスに乗り込んだ。

虽然不想吃，还是硬吃了下去。
食べたくないけど、無理をして飲み込んだ。

翻訳例

A：欸？你把头发剪短啦！印象跟以前大不一样啊／感觉跟以前不一样啊。
　　Éi？Nǐ bǎ tóufa jiǎnduǎn la！Yìnxiàng gēn yǐqián dà bù yíyàng a / Gǎnjué gēn yǐqián bù yíyàng a.

B：朋友说我留短发显老。　　Péngyou shuō wǒ liú duǎnfà xiǎn lǎo.

A：嗯，确实好像变得成熟了。　　Ňg, quèshí hǎoxiàng biànde chéngshú le.

B：你不用硬夸我了。　　Nǐ búyòng yìng kuā wǒ le.

A：夜、いびきうるさくなかった？　ビール飲みすぎたからな。

B：いびきどころか寝言も言ってたよ。

A：えっ、なんて言ってた？

B：「バカヤロー！　バカヤロー！」って。ストレスたまってるんじゃない？

① いびきうるさくなかった？

「いびきをかく」は "打呼嚕 dǎ hūlu"、「いびきがうるさい」は "呼嚕声很吵"、"打呼嚕声音很大" などと訳せます。「いびきうるさくなかった？」は次のようになりますが、これだけでは、単にうるさいかどうかの事実確認に聞こえてしまいます。

　△　打呼嚕不吵吗？／呼嚕声不吵吗？

　△　打呼嚕声音不大吗？

もちろんＡさんは、単にいびきがうるさかったかを知りたいのではなく、「僕のいびきがＢさんに迷惑をかけたのでは？」ということが気になって尋ねているわけですね。ここは、次のように、もう少しはっきりとその気持ちを伝えたほうがよさそうです。

　◎　我打呼嚕影响你（睡觉）了吗？
　　　僕のいびきで（睡眠に）支障あった？

　◎　我是不是打呼嚕害得你没睡好？
　　　僕のいびきでよく眠れなかったんじゃ？

　◎　我打呼嚕没有吵醒你吗？
　　　僕のいびきで起こさなかった？

なお、この後に「ビール飲みすぎたからな」が続きますが、中国語に訳す場合は、前に持ってきたほうがよりスムーズでわかりやすいです。

　◎　昨晚我啤酒喝多了，是不是打呼嚕吵得你没睡好啊？

② いびきどころか寝言も言ってた

「AどころかBも～」の訳し方はいろいろあります。

- ◎ 別说打呼噜，你还说梦话了呢。
- ◎ 你不但打呼噜，还说梦话了呢。
- ◎ 你不仅打呼噜，而且还说梦话了呢。

"而且" と "还" はどちらかだけでも、一緒に使ってもOKです。ここでもう1つよく使う表現をご紹介しましょう。

- ◎ 何止打呼噜啊，你还说梦话了呢。

"何止hézhǐ" は一種の反語表現で、ある程度または範囲を超えることを表し、「～にとどまらない」という意味です。

また、次のように訳した人もいましたが、これは間違いです。

- × 连打呼噜，也说梦话

"连～也…" は極端な例を挙げて強調する表現で、「～さえも…」「～までも…」という意味です。

> 连八十岁的老人也参加了这次马拉松比赛。
> 80歳のお年寄りさえも今回のマラソン大会に参加した。
> 他见了我，连招呼都没打。
> 彼は私に会っても、あいさつもしない。

「いびきどころか寝言も言ってたよ」は極端な例で強調しているわけではないので、ここでは "连～也…" は使えません。

③ バカヤロー

日本語には悪口言葉が少ないですね。ケンカするとき、本当に「バカヤロー」くらいで鬱憤を晴らせるのかと不思議に思うくらいです。それに比べて、自慢

にはならないのですが、中国語の罵り言葉は種類が豊富なだけでなく、その殺傷力も半端ではありません。あまりにも下品な言葉を紹介するのは遠慮しておきますが、投稿の中にもいろいろな訳があったので、「バカヤロー」の類義語を整理してみましょう（こんな言葉の使い分けを教える中国語教師はほかにいるだろうか（汗））。

混蛋 húndàn	もともとは「横暴で道理をわきまえないやつ、理不尽なやつ」の意味だが、物わかりの悪いやつ、わからず屋、たわけなど、広い意味で使える。"浑蛋"とも書く。
笨蛋 bèndàn	愚かで不器用なやつ、のろま、まぬけ、役立たず。
坏蛋 huàidàn	悪人、悪党、ろくでなし。前に"小"を付けると「恨めしいが愛おしくて憎めない人」という愛情表現になってしまうので、くれぐれもご注意を。
王八蛋 wángbādàn	"王八（カメ）"は中国では侮辱的なイメージがあり、「妻を寝取られた、まぬけな夫」の意味がある。"王八蛋"、つまり「カメの卵」はいっそう侮辱的な意味が強い。"王八蛋"の語源は"忘八端（儒教の八徳「孝・悌・忠・信・礼・義・廉・恥」を忘れた者）"との説もあるが、定かではない。
傻瓜 shǎguā	頭が悪いやつ、あほう。「おバカね〜」「アホやな〜」のような親しみが感じられる言葉で、攻撃性はほとんどない。相手を罵るつもりで使うと、逆にバカにされる羽目になるかも。

　さて、Aさんは嫌な上司の夢でも見たのかわかりませんが、寝言で「バカヤロー」と叫ぶくらいのストレスを抱えたとき、あなたならどれを使って鬱憤を晴らしますか。もしどれを使っても物足りないなら、さらに殺傷力の高い「重火器」のような表現をご提供します。

　　○　**(他)妈的!**　　くそ！／ちきしょう！／バカヤロー！

詳しく説明しても編集者にカットされるだろうし、もともとの意味を考えて使う人はあまりいないと思うので、ここでは解説を省きますが、上の5つの罵り言葉より、鬱憤を晴らすのに有効なことは間違いないでしょう。

④ ストレスたまってる

「ストレス」は"精神压力"と訳せますが、「ストレスがたまっている」はなんと訳せばいいのでしょうか。

　　△　精神压力蓄积

「たまる」は「蓄積する」ということだから間違ってはいませんが、ちょっと硬い感じがします。1つの単語に束縛されないで、全体的な意味を考えるようにしましょう。「ストレスがたまっている」ということは、「ストレスが多い、プレッシャーが大きい」ということですから、ここはシンプルに訳したほうが自然でわかりやすいです。

　　◎　精神压力太大了／太重了

翻訳例

A：昨晚我啤酒喝多了，打呼噜吵得你没睡好吧?
　　Zuówǎn wǒ píjiǔ hēduō le, dǎ hūlu chǎode nǐ méi shuìhǎo ba?

B：何止打呼噜啊，你还说梦话了呢。
　　Hézhǐ dǎ hūlu a, nǐ hái shuō mènghuà le ne.

A：真的? 我说什么了?
　　Zhēn de? Wǒ shuō shénme le?

B：你骂了几声："混蛋! 混蛋!" 你精神压力太大了吧?
　　Nǐ màle jǐ shēng: "Húndàn! Húndàn!" Nǐ jīngshén yālì tài dà le ba?

> A：この女優さん、名前なんだっけ？　度忘れしちゃった。
> B：なんだっけ？　たしか神部なんとか子じゃなかった？　あー、
> 　　気になる！
> A：あ、思い出した。神部葉子じゃない？
> B：そうだった！　あー、すっきりした。

① 女優さん

　「女優」「女子アナ」「女子大生」……、「女子○○」という形の日本語は多い
ですね。どうしてわざわざ「女」を付けて言うのか、ちょっと僕には理解しが
たいです。もちろん、女子校・男子校、女子トイレ・男子トイレ、女湯・男湯
などの場合や、男女の俳優が同時にテレビに出ていて、「女性のほうの俳優」と
言わないとどちらを指しているのかわからない場合は「男」「女」を付ける必要
がありますが、そうでなければ中国語では "演员" だけでOKです。

② 度忘れしちゃった

　これは次のように訳すのが一番自然です。

　　◎　一下儿想不起来了

　"一下儿" は「ごく短い時間、短期的に、急に」という意味で、"一下子" と
も言います。"一时" という言い方もありますが、やや硬い表現です。文末の "了"
は必須ではありませんが、あったほうが「覚えている状態」から「思い出せな
くなった」という変化のニュアンスが出ます。
　ついでに似たような意味で、ちょっとおもしろい表現をご紹介しましょう。

　　◎　就挂在嘴边儿　　口元に引っかかっている

　「言葉が出てきそうで（思い出せなくて）出てこない」という意味です。

③ たしか

　「たぶん」という意味の「たしか」は "也许" "大概" "可能" などと訳すことができますが、これらはいずれもなんらかの根拠による推測・可能性について言うときに使います。一方、この会話のように、記憶が曖昧で確実でない場合は "好像" がよりふさわしいです。ほかの例を見てみましょう。

> **今天也许（／大概／可能）会下雨。**
> 今日は雨が降るかもしれません。〔天気予報や空模様などから推測〕
>
> **我记得他好像是北京人。**
> 彼はたしか北京の人だと記憶しています。〔記憶が不確実〕

④ あー、気になる！

　これは訳しにくかったですね。日本語の「気になる」はどんな「気（持ち）」なのかによって、さまざまな訳し方ができます。

前から彼女のことが気になっていた	**以前就有点儿喜欢她**
経済の先行きが気になる	**关注经济的未来动向**
明日の天気が気になる	**有些担心明天的天气**
髪の毛が薄くなるのが気になる	**很在意头发变少**
口にできものができて気になる	**嘴里起了个包，别扭得很**

　以上の例でわかるように、「気になる」に相当する「万能な」中国語は存在しません。この会話での「気になる」は思い出せなくてイライラする、モヤモヤするということですから、次のように訳すとよいでしょう。「なんだっけ？」に当たる "什么来着？" を連発すれば、もどかしさがより強調されます。

◎　**哎呀，怎么想不起来了？**
　　あれ？　なんで思い出せなくなったんだろう。

◎　**欸？什么来着？什么来着？**
　　あれ？　なんだっけ？　なんだっけ？

投稿の中で多かったのは"急死我了""心里好烦"などの訳でしたが、いずれもちょっとオーバーな感じがします。でも、気持ちを「翻訳する」ために、発想を変えて訳そうとする姿勢はたいへん素晴らしいですね。

⑤ 思い出した

これを"想出来"と訳した人が多くいました。"想出来"と"想起来"は非常に似ていますが、使い分けがあります。

"想出来"はもともと頭になかった「新規」のことを考え出す場合に使うことが多いです。

想出来一个好办法　いいアイディアが浮かんだ
想出来一个好名字　素敵な名前を考えついた

一方、"想起来"は「記憶がよみがえって、忘れかけたことを思い出す」ときに使います。たとえば、僕にはよくあることですが、登録したIDとパスワードを忘れてしまったときは次のように言います。

ID和密码想不起来了　IDとパスワードが思い出せなくなった

2つの表現の使い分けを覚えておきましょう。

⑥ すっきりした

投稿ではさまざまな訳があり、皆さんの奮闘ぶりが見られましたが、どれも今一つしっくり来ませんでした。

△	**痛快了**	気持ちがすっとした
△	**心情舒畅了／心里透亮多了**	気持ちがすっきりした
△	**释然了**	釈然とした
△	**爽极了／真爽**	すっごく気持がいい

"痛快了" "心情舒畅shūchàng了" "心里透亮多了" は、以前に嫌なことがあって落ち込んでいたり、悩んでいたりするニュアンスが強く、いずれも大げさな感じがします。"释然shìrán" は書き言葉なので、ちょっと硬いです。"爽极了" や "真爽" は真夏に冷たいビールを飲んだときの感覚だと想像してください。

　思い出せなかったことを思い出してすっきり、というときは次のように言うのが近いかなあと思います。

◎　心里爽快了

「これで~」という意味の "这下儿" を前に置くと、より自然でしょう。

　ただ、同じ場面で中国人が実際どのようなリアクションをするかというと、自分の気持ちをそのまま表現するよりは、その原因についてコメントをするのが一般的かもしれません。"哎呀! 太好了! 终于想起来了!" などのように表現する人も多いのではないでしょうか。

A：这个 (女) 演员叫什么来着？ 我一下儿想不起来了。
　　Zhège (nǚ) yǎnyuán jiào shénme láizhe ? Wǒ yíxiàr xiǎngbuqǐlái le.

B：欸？ 什么来着？ 好像叫神部什么子吧？ 哎呀，怎么想不起来了？
　　Éi ? Shénme láizhe ? Hǎoxiàng jiào Shénbù shénme zǐ ba ? Āiyā, zěnme xiǎngbuqǐlái le ?

A：对了! 是叫神部叶子吧？
　　Duìle ! Shì jiào Shénbù Yèzǐ ba ?

B：对, 对, 对! 啊, 这下儿心里爽快了。／哎呀! 太好了! 终于想起来了!
　　Duì, duì, duì ! À, zhè xiàr xīn li shuǎngkuai le. / Āiyā ! Tài hǎo le ! Zhōngyú xiǎngqilai le !

解説 9

A：じつはこの前、クレジットカードを悪用されちゃってさ。
B：えっ！　それは大変だったね。最近そういうの多いって聞くけど。
A：カード会社から電話があって驚いたよ。すぐ止めてもらったから被害はなかったけど。
B：やっぱりネットショッピングばかりに頼ると危ないかもね。

① じつは

　これは、とくに意味がなく、何か大事な発表や打ち明け話をするとき相手の注意を引くために発する言葉ですね。"说实话" "其实" "说真的" "说实在的" と訳した人が多かったのですが、残念ながらいずれも不適切です。

　"说实话" "说真的" "说实在的" は「本当のことを言うと〜」「正直〜」「ぶっちゃけ〜」の意味で、「クレジットカードを悪用されちゃってさ」とは繋がりません。"其实" は「じつは、本当は」と訳せる場合もありますが、いきなり話の最初に出てくるのではなく、前の文に続いて逆接の意味を表すのが一般的です。この点では、日本語の「じつは」の用法と違いますね。

> **大家都以为他很小气，其实并不是这样。**
> みんな彼はケチだと思っているけど、本当はそうではない。

　では、中国人は大事な話を打ち明ける前にどのように相手の注意を引くかというと、いろいろな方法があります。

　◎　**哎，前几天啊，……**　　　ねえねえ、この前ね……
　◎　**前几天啊，我的信用卡啊，……**　この前ね、私のカードがね……

　このように文頭に "哎" を加えたり、文をこまめに切って間に "啊" を入れたりすると、事態の深刻さをアピールする効果が出ます。また、中国人はふだんの会話では相手のことを "你" と呼びますが、重要な話をする前に、一度相手の名前を呼ぶことで注意を引くこともあります。たとえば "小王，前几天啊，……" のような具合です。

② クレジットカードを悪用されちゃって

投稿では"滥用""乱用""冒用"といろいろな訳語がありましたが、「(クレジットカードの)悪用」を表すのに一番よく使う言い方は"盗用 dàoyòng"です。それぞれの違いを見てみましょう。

滥用 lànyòng	むやみに使う、過度に使う、濫用する
	滥用职权（職権を濫用する）
乱用 luànyòng	でたらめに使う、やたらに使う
	乱用成语（成語をやたらに使う）
冒用 màoyòng	偽称して不正に使う
	冒用他人名义（他人の名義を不正に使う）

"**冒用信用卡**"でも問題はありませんが、「(クレジットカードの)情報を盗んで不正に使う」という意味ではやはり"**盗用**"が一番適切です。

③ それは大変だったね

この「大変」を訳すのが大変なんですよね。日本語の「大変」は本当に便利な言葉です。こんなに便利な言葉がなんで中国語にないのだろうと、いつもくやしく思います。だから場面によって訳語を考えなければなりませんが、1つの方法は、何が大変なのかをはっきり言うことです。

ここ数日間、毎日残業で大変だよ。
→ **这几天每天加班，忙死了**。（忙しくて大変だ）
電車で1時間立ちっぱなしで大変だった。
→ **在电车里站了一个小时，累坏了**。（疲れて大変だ）

クレジットカードの悪用のような事件や災害などの場合には、"**不得了**bùdéliǎo"という表現も使えます。

不得了了！着火了！ 大変だ！ 火事だ！

この "不得了了" の最後の "了" は「大変なことになった」という変化を表します。

さらに、"忙得不得了" "累得不得了" のように［形容詞＋"得"＋"不得了"］の形で「何で大変なのか」を簡単に表すことができるので、ぜひ活用してみてください。

④ そういうの多いって聞くけど

「そういうの」を "那样的" と訳した方が多かったのですが、ここは "这样的" のほうがいいでしょう。日本語の「これ、それ、あれ」を中国語に訳すときは、"这个" と "那个" のどちらかになりますね。ほとんどの場合、「これ」は "这个"、「あれ」は "那个" と訳せばいいのですが、問題は「それ」です。

ここではＡさんのクレジットカードが悪用されたことを指して「そういうの」と言っていますが、2人にとっては身近な話であり、他人事ではありません。感覚的に近いものを指すので、この場合は "这样的" と訳したほうがいいわけです。

⑤ すぐ止めてもらった

"把" 構文を習った皆さん！　こういうときに "把" 構文を使わないでいつ使うんですか！　悪用されたカードに対して「止める」という処置を施すわけですから、ここはまさに "把" 構文を活用するときです。はいっ、10回声に出して読んでみてください。

　　◎　马上把卡停了。

厳密に言うと、カード会社に頼んで止めてもらうわけですから、"让银行把卡停了" "让银行把卡冻结了" と言ってもいいでしょう。

⑥ やっぱりネットショッピングばかりに頼ると危ない

　「ネットショッピング」は "网上购物"、略して "网购" です。「ネットショッピングに頼る」は "总 (是) 依靠网购" と訳してみましょう。

　「やっぱり」を "还是" と訳すのはいいのですが、日本語の語順につられないよう、"还是" の位置に注意してください。中国語の正しい語順は、"总（是）依靠网购还是挺危险的啊。" になります。これだけでも問題ありませんが、その前にＡさんが話していた状況を受けて、「見たところ〜のようだ」という意味の "看来" を文頭に付けると、より繋がりがよくなります。

翻訳例

Ａ：哎，前几天啊，我的信用卡被盗用了。
　　Āi, qián jǐ tiān a, wǒ de xìnyòngkǎ bèi dàoyòng le.

Ｂ：啊？这可不得了！最近常听说这种事儿。
　　Á ? Zhè kě bùdéliǎo ! Zuìjìn cháng tīngshuō zhè zhǒng shìr.

Ａ：信用卡公司打来电话我才知道，吓了我一大跳。
　　Xìnyòngkǎ gōngsī dǎlai diànhuà wǒ cái zhīdao, xiàle wǒ yí dà tiào.

　　还好因为马上把卡停了，所以没受什么损失。
　　Hái hǎo yīnwei mǎshàng bǎ kǎ tíng le, suǒyǐ méi shòu shénme sǔnshī.

Ｂ：看来总依靠网购还是挺危险的啊。
　　Kànlái zǒng yīkào wǎnggòu háishi tǐng wēixiǎn de a.

第 **4** 章
訳しやすく言い換える

　いわゆる日常会話の翻訳は、キモチの「翻訳」、つまり意思伝達のプロセスだと言えます。「この言葉は中国語では何と言うんだろう」とばかり考えると、行き詰まったり、堅苦しい表現になったりしますね。「このキモチを表す別の表現は？」と思考回路を変えてみれば、訳語の選択肢が一気に増えます。

1
　A：お昼またカレー？　好きだねえ。
　B：最近は南インドのカレーにハマってて。
　A：地方によって違うんだ。ナンで食べるのは北？
　B：そう。南はさらっとしててお米に合うんですよ。

→解説 p.88

2
　A：まだA社からの返事来ないの？　いいにしても悪いにしても、はっきりしてもらわないと。
　B：先方からは、もう少し待ってくれと……
　A：これ以上待ってたら間に合わないし、OKが出るものとして準備を進めようか。
　B：ええ。もしダメだったら、そのときはそのときで対処するしかないですね。

→解説 p.92

3
　A：あー、いい映画だった。評判になってるだけあるよね。
　B：うん。観てよかった。後半泣きそうになっちゃったよ。
　A：私も。やっぱりこの監督の作品は外さないなあ。
　B：次回作もアメリカではもう公開されてるみたいだよ。楽しみ！

→解説 p.96

4

A：見て、この犬かわいい！　あ、でも20万円だって。高いね。
B：お金より世話が大変だよ。ごはんやったり、散歩させたり……
A：たしかにね。うちは庭もないし無理かなあ。
B：小型犬なら家の中でも飼えるんじゃない。

→解説p.100

5

A：ああ、けっこう伸びましたね。3か月ぶりでしたっけ。
B：仕事忙しくて。毛先が痛んできたし、もうばっさり切っちゃおうかな。
A：思い切って短くしましょうか。肩につかないくらいの長さでも大丈夫ですか。
B：そうですね。じゃあ、山本さんの腕を信じてお任せしようかな。

→解説p.104

6

A：こんなに雪降ってても、サンタさん来てくれるのかな。
B：サンタさんは、大きなそりに乗ってるから雪でも大丈夫。
A：くまのダッフィーのぬいぐるみ頼んだの。抱っこして寝られるくらい大きいやつ。
B：じゃあ早く寝ないと。夜更かしする悪い子のところにはサンタさん来ないよ。

→解説p.108

7

A：大丈夫！？　あいつらひどいわ！
B：おまえが泣いたってしょうがねえだろ。
A：どうしてこんな目に遭わなきゃいけないの……
B：泣くなって。よくあることさ。
A：くやしくないの？
B：あんな奴らを相手にすんのバカバカしいだろ。

→解説p.111

解説 1

A：お昼またカレー？　好きだねえ。
B：最近は南インドのカレーにハマってて。
A：地方によって違うんだ。ナンで食べるのは北？
B：そう。南はさらっとしててお米に合うんですよ。

① カレーにハマってて

「ハマる」は "**热衷** rèzhōng" "**迷上**" "**入迷**" などいろいろな訳語がありますが、いずれも趣味に使うことが多い表現です。それぞれの用法の違いを、ここでちょっと整理してみましょう。

热衷　"**热衷于～**" の形で使うことが多い。
他热衷于电脑游戏，经常玩儿到深夜。
彼はパソコンゲームにハマって、よく深夜まで遊んでいます。

迷上　後ろに直接目的語をとり、"**迷上于～**" の形では使えない。
她从上初中起迷上了日本漫画。
彼女は中学のときから日本のマンガにハマりはじめました。

入迷　離合動詞なので目的語をとらず、"**对～入了迷**" や "**～得入了迷**" の形で使う。
听吉他演奏听得入了迷。
ギターの演奏を夢中になって聴いていました。

この3語は、食べ物に対して使っても間違いではありませんが、いささか大げさな感じがするので、ここでは簡単に "**特别喜欢吃～**" と言ったほうが伝わりやすいでしょう。

② 地方によって違うんだ

投稿には上手な訳がいろいろあり、同じ意味を表すのに、こんなに多くの言

88

い方があるのだなあと感心しました。いくつか秀逸な訳文をご紹介しましょう。

◎ 各个地方的咖喱还不一样啊？

◎ 地方不同，咖喱的风味也不同啊？／地区不同，吃法也不一样啊？

◎ 每个地方都有独特的咖喱啊？

　文末の "啊" は疑問の語気を表しています。"吗" に変えてもかまいません。

　うまく訳せないときは、このように少し言い方を変えてみると訳語の選択肢がぐんと広がります。これも翻訳のおもしろいところですね。

③ ナンで食べる

　投稿では "用馕 náng 吃" と訳した人が多くいました。たしかに "用" は「〜で」という意味の前置詞ですが、"用勺子吃"（スプーンで食べる）や "用手抓着吃"（手でつかんで食べる）など、道具や方法を表すことが多いです。「ナンで食べる」は「ナンとカレーを一緒に食べる」ことですので、下のように訳したほうがわかりやすいでしょう。

× 用馕吃

◎ 和馕一起吃

　また、ここでは "就" を使って表現することもできます。"就" には、じつは動詞の用法があり、「〜をおかずにしてごはんを食べる（orお酒を飲む）」という意味になります。これを使うと、「ナンで食べる」は "就（着）馕吃" というふうに表現できるのです。

　また、カレーはおかず、ナンは主食、という考え方から、"主食吃馕" というふうに訳すのも自然です。

④ さらっとしてて

　投稿では、ほとんどの人が "清淡" と訳しました。"清淡" は「味が薄めで、油っこくなくさっぱりしている」という意味なので、この「さらっとしている」とはちょっと違うように思います。「水分が多く、とろとろしていない」状態を表現するには、"稀xī" という形容詞がぴったりです。ちなみに "稀" の反対語は "稠chóu"、セットで覚えておきましょう。

> **我不太喜欢喝稠粥，喜欢喝稀一点儿的。**
> 私はトロトロのおかゆがあまり好きではない。さらっとしたのが好きだ。

⑤ お米に合う

　　✕　和米饭很合适

　このように、"合适" を使って訳した人が多かったです。"合适" は「(サイズなどが) ぴったりだ」や「適切だ、適当だ」という意味の形容詞で、ここではあまりテキセツとは言えません。

　そこで "合适" を逆さまにした "适合" を使ってみましょう。"适合" は「合う、似合う」という意味の動詞です。後ろに "和米饭一起吃" を目的語として置くと、「ご飯 (と一緒に食べるの) に合う」という意味になります。

　　◎　适合和米饭一起吃

　"合适" と "适合" は形も意味も似ているので、用法の違いに注意が必要です。

> **眼镜的度数不合适。**　　メガネの度数が合っていない。
> **我不适合戴眼镜。**　　　私はメガネが似合わない。

A：午饭又是咖喱＊？ 这么爱吃呀！

Wǔfàn yòu shì gālí ? Zhème ài chī ya !

B：最近我特别喜欢吃印度南方的咖喱。

Zuìjìn wǒ tèbié xǐhuan chī Yìndù nánfāng de gālí.

A：每个地方还不一样啊？ 和馕一起吃的是北方吗？

Měi ge dìfang hái bù yíyàng a ? Hé náng yìqǐ chī de shì běifāng ma ?

B：是啊。南方的咖喱比较稀，更适合和米饭一起吃。

Shì a. Nánfāng de gālí bǐjiào xī, gèng shìhé hé mǐfàn yìqǐ chī.

＊ "咖喱" は実際には gāli と発音することが多いです。

解説 2

A：まだＡ社からの返事来ないの？　いいにしても悪いにしても、はっきりしてもらわないと。
B：先方からは、もう少し待ってくれと……
A：これ以上待ってたら間に合わないし、OK が出るものとして準備を進めようか。
B：ええ。もしダメだったら、そのときはそのときで対処するしかないですね。

① いいにしても悪いにしても

　　△　好还是不好／好还是坏

　このように訳した方が多かったのですが、この言い方はあまりしません。これだと何がよくて、何がよくない（悪い）のか、言いたいことがはっきりしないからです。"不管结果是好还是坏" とするなら OK ですが、ここでは次の言い方のほうが自然でしょう。

　　◎　不管结果怎么样
　　◎　同意还是不同意
　　◎　行还是不行

② はっきりしてもらわないと

　これは「はっきりしてもらいたい」、つまり「はっきりした答えが必要だ」という意味ですね。だからと言って次のように訳すと、中国語としてはどうも不自然です。

　　△　我们要明确的答案。

　中国語の発想では「先方がこちらにはっきりした回答をすべきだ」と考え、次のように訳すのがいいでしょう。

○ 他们应该给我们一个明确的答复。

さらに口語らしくすると、こうなります。

◎ 总应该给个明确的答复啊。

　この上司は、なかなか来ないＡ社の返事にしびれを切らして、とにかく早く返事がほしいわけですね。前に来る "不管结果怎么样" "同意还是不同意" の後ろを "总" で受けることで、「（同意しようと、しなかろうと）とにかく／少なくとも～」というニュアンスを出すことができます。

　なお、"答案" と "答复" はどちらも「答え」と訳せますが、"答案" は問題やクイズの「解答」、"答复" は疑問や打診への「回答、返事」の意味で使われます。

③ もう少し待ってくれ

　「少し待って」というと、反射的に "等一下" "等一会儿" と訳してしまう人もいるようですが、"一下" や "一会儿" が表すのは比較的短い時間です。目安としては1時間以内でしょうか（中には "等一下" と言いながら2 ～ 3時間遅刻する人もいるかもしれませんが）。この場合はもう少し長い時間ととらえ、"等一段时间" のほうがふさわしいでしょう。

◎ 还要再等一段时间

　ここでは、すでに待たせた上で「もう少し待って」と言いたいので、副詞 "还" と "再" をあわせて使うのがポイントです。

④ 間に合わない

　"赶不上" と "来不及" はどちらも「間に合わない」という意味で使えますが、"赶不上" が後ろに名詞（句）を置くことができるのに対し、"来不及" はできません。

○　**赶不上末班车**　　終電に間に合わない

　　×　**来不及末班车**

　また、"**赶不上**" は何かの開始に間に合わないことを表し、"**来不及**" は目的の達成に間に合わないことを表すという意味上の違いもあります。第2章の解説6に出てきたように、「4限に間に合わない」という場合は "**赶不上**" がいいですね。一方、今回は何らかのプロジェクトを進めるために必要な手続きや準備が間に合わない、という意味だと考えられるので、"**来不及**" がふさわしいでしょう。なお、"**将来后悔也来不及了。（将来後悔したって間に合わない）**" というように、抽象的な意味の場合にも "**来不及**" が使えます。

⑤ OKが出るものとして準備を進めよう

　「OKが出るものとして」は、一旦「OKが出るとみなす」という意味なので、動詞 "**当dàng**" を使えばいいですね。または "**看做／看作**" でもOKです。

　「準備を進める」は、"**准备起来**" のように訳した人がいました。たしかに方向補語 "**起来**" は派生用法で「〜しはじめる」と訳されることがありますが、これは何らかの動作や状態が変化して、その変化が継続していくことを表します。

　　　　天气渐渐热起来了。　　　　だんだん暑くなってきた。

　　　　大家跟着节奏鼓起掌来了。　みんなリズムに合わせて手拍子をしだした。

　このように "**〜起来**" は変化の始まりに焦点をあてた表現で、「〜するようになる、〜しだす」という変化のニュアンスが強いのです。「何かにとりかかる、スタートする」という場合には "**〜起来**" は不自然で、"**开始〜**" を使うのがいいでしょう。

　　　　我打算明天开始减肥。

　　　　明日からダイエットを始めよう。

　　　　考试时间到了，请大家开始答题吧。

　　　　試験の時間になりました。みなさん解答を始めてください。

　これも非常に便利な言い回しですが、中国語ではどう表現したらいいでしょうか。「そのときはそのときで」というのは、「そのときになったら」「時期が来たら」という意味ですね。ちょうどこれと同じ意味で "**到时候**" という表現があります。

　ちょっと先の予定を話しているときなど、"**到时候再说吧！**"（そのときになったら決めましょう）なんて言い方もできますね。仕事でもプライベートでも使える便利な表現なので、ぜひ覚えておいてください。

翻訳例

Ａ：还没收到Ａ公司的回信吗？同意还是不同意，总应该给个明确的答复啊。

　　Hái méi shōudào A gōngsī de huíxìn ma？Tóngyì háishi bù tóngyì, zǒng yīnggāi gěi ge míngquè de dáfu a.

Ｂ：**他们说还要再等一段时间。**

　　Tāmen shuō hái yào zài děng yí duàn shíjiān.

Ａ：**再等就来不及了。我们就当他们同意，先开始准备吧。**

　　Zài děng jiù láibují le. Wǒmen jiù dàng tāmen tóngyì, xiān kāishǐ zhǔnbèi ba.

Ｂ：**好的。如果不同意的话，只能到时候再想办法了。**

　　Hǎo de. Rúguǒ bù tóngyì de huà, zhǐ néng dào shíhou zài xiǎng bànfǎ le.

A：あー、いい映画だった。評判になってるだけあるよね。
B：うん。観てよかった。後半泣きそうになっちゃったよ。
A：私も。やっぱりこの監督の作品は外さないなあ。
B：次回作もアメリカではもう公開されてるみたいだよ。楽しみ！

① あー、いい映画だった

○ **这部电影很好看。**
○ **这个电影拍得很好。**

中国語としてはまったく問題ありませんが、このような言い方ですと、「この映画はおもしろいです」「これはいい映画です」などのように、1つの事実を淡々と述べているように聞こえてしまいます。

すばらしい映画を観たあと、「あー、いい映画だったなあ」という気持ちを表すには、やはり感嘆文を使うほうがいいでしょう。以下にいくつか自然な表現を紹介しておきます。ちなみに映画の量詞は "部" でも "个" でもOKです。

◎ **啊，真是一部好电影！**
◎ **这部电影真棒！**
◎ **这部电影拍得真好！**
◎ **这个电影太好看了！ ／这个电影真是太有意思了！**

また、日本語は「いい映画だった」や「この映画はよかった」など、過去形で表現するので、その影響で "**这个电影有意思了**" と訳してしまいがちですが、中国語はとくに「完了・変化」の意味が含まれなければ、形容詞の後ろに "**了**"は使わないので注意しましょう。"**太好看了**" や "**太有意思了**" の "**了**" は、"**太〜了（ものすごく〜だ）**" のセットで使われているものですね。

② 評判になってるだけある

投稿では、「評判になる」はいろいろな訳し方がありました。

受欢迎

受到好评

评价很高

口碑很好 kǒubēi hěn hǎo　（口コミの評価がいい）

名不虚传 míng bù xū chuán　（評判に違わない）

　「～だけある」のニュアンスを表すのにも**"到底""不愧是""怪不得""果然"**など、さまざまな表現があります。これらの表現はいずれも自然で適切ですが、「評判になってるだけあるよね」という1文にするにはちょっと工夫しなければなりません。以下、正しい言い方を確認しましょう。

　　× 是名不虚传的吧。　（"是～的" の誤用、"吧" は不要。）

　→ 　◎ 果然名不虚传。

　　× 简直是名不虚传的呀。

　　　（"简直" と "名不虚传" は釣り合いがとれない。"的" は不要。）

　→ 　◎ 真是名不虚传啊。

　　× 不愧是很受大家欢迎了吧。

　　　（"不愧是～" の後ろはふつう名詞性成分。"不愧是经典之作（さすが名作だ）" などの言い方ならOK。"了" と "吧" は不要。）

　→ 　◎ 难怪（／怪不得）那么受欢迎呢。

　　× 不愧是好评价的。　（"好评价" という言い方はあまりしない。）

　→ 　◎ 难怪（／怪不得）评价那么高。

③ 観てよかった

　「観てよかった」は非常にコンパクトな表現ですが、**"看了很满意"** や **"看得太好了"** などの直訳では意味が伝わらないので、補足が必要です。「観てよかった」はつまり「今日、この映画を観られてよかった」という意味なので、**"今天能看这部电影真是太好了。"** とすると、ちゃんと意味が伝わります。もし長すぎるのが嫌なら、少し表現を変えると、いろいろな訳し方が出てきますね。

たとえば、"很值得看"（観る価値があった）とすれば、コンパクトで自然に表現できます。また、「観る価値があった」ということは「無駄ではなかった」と同じなので、さらに簡潔な表現に "没白看" や "没白来" などもあります。

④ 後半泣きそうになっちゃった

　　○　后半我差点儿哭了。

　このように訳した方が多くいました。文法上は問題ないし、ちゃんと意味が伝わりますが、ネイティヴは次のように表現するかもしれません。

　　◎　看到后半部分，我差点儿忍不住哭出来。

　一見、くどい感じがするかもしれませんが、結果補語（"看到"）、可能補語（"忍不住"）、方向補語の派生義（"哭出来"）など、自然な中国語では補語が多用されます。

⑤ やっぱりこの監督の作品は外さない

　「外さない」はそのままでは訳しにくいので、ほかの言い方に変えてみましょう。この「外さない」は「（観客の）期待に背かない、がっかりさせることがない」という意味ですから、次の訳はなかなかわかりやすくて自然だと思います。

　　◎　这位导演的作品果然不会让观众失望。

　なお、「期待に背く」の意味で、"(希望) 落空" や "辜负 (○○的) 期待" という言い方もありますが、いずれもやや硬い表現なので、会話としては少し大げさな感じになってしまいます。

　ほかに、「やっぱりこの監督の作品はどれも見る価値があるね」と言い換えてもいいし、「やっぱりこの監督の作品はどれもいいね」という言い方にして訳すこともできます。

　　◎　这位导演的作品每一部都值得看。

◎ 这位导演拍的电影果然都不错呀。

また、二重否定で表現するのも非常に生き生きして自然です。

◎ 这位导演的作品没有不好看的。

⑥ 楽しみ！

非常に簡単な一言ですが、なかなか自然に訳せない表現です。こういうときは……はい、別の言い方に変えてみましょう！

投稿では、「期待してるよ」派と「早く観たいなあ」派に分かれました。

◎ 好期待啊！／真令人期待啊！
◎ 真想早点儿看啊！

どちらも「楽しみ！」という意味と気持ちをきちんと伝えられているので、二重丸です。言語によって表現の仕方はさまざまで、似たような表現もあれば、まったく違う表現をすることも多くあります。しかし、人間の気持ちが共通していることは間違いありません。1つの表現に縛られずに発想を広げれば、訳語の候補はどんどん溢れてきます。

翻訳例

A：啊，真是一部好电影！怪不得人们的评价那么高呢。
　À, zhēn shì yí bù hǎo diànyǐng! Guàibude rénmen de píngjià nàme gāo ne.

B：是啊，没白看。看到后半部分，我差点儿忍不住哭出来。
　Shì a, méi bái kàn. Kàndào hòubàn bùfen, wǒ chàdiǎnr rěnbuzhù kūchulai.

A：我也是。这个导演的作品就是好，每一部都值得看。
　Wǒ yě shì. Zhège dǎoyǎn de zuòpǐn jiùshì hǎo, měi yí bù dōu zhíde kàn.

B：听说下一部作品已经在美国开始上映了，真想早点儿看啊！
　Tīngshuō xià yí bù zuòpǐn yǐjīng zài Měiguó kāishǐ shàngyìng le, zhēn xiǎng zǎo diǎnr kàn a!

解説 4

> A：見て、この犬かわいい！　あ、でも20万円だって。高いね。
> B：お金より世話が大変だよ。ごはんやったり、散歩させたり……
> A：たしかにね。うちは庭もないし無理かなあ。
> B：小型犬なら家の中でも飼えるんじゃない。

① お金より世話が大変

　「より」という日本語から、比較表現を使って訳した人が多かったです。しかし、“昨天比今天涼快”のような典型的な比較表現と違って、「お金より世話のほうが大変だ」は「お金の問題はまずおいといて、世話をするのが大変だよ」という意味で、単純に「お金」と「世話すること」と比べているわけではないのです。ですから、“比”などを使った比較表現にするとおかしい中国語になってしまいます。

> ×　我觉得养狗比买狗真的麻烦。
> 犬を飼うのは買うより面倒だ。

> ×　钱不如照顾麻烦。
> お金は世話ほど面倒でない。

> ×　照顾它比高价格更麻烦多了。
> 世話のほうが高い値段よりずっと面倒だ。

　上のように日本語に訳してみると、前後の要素は比べられないことがわかりますね。では、ほかの訳し方を考えてみましょう。以下の訳し方はなかなかうまいと思います。

> ◎　价钱不是问题，要照顾才是问题。
> ◎　这不是价钱的问题，照顾它一定很麻烦。
> ◎　钱的事先不说，照看它太麻烦。

　また、以下のように訳すと、よりネイティヴらしくなります。

> ◎　贵不贵先不说，主要是照顾起来太费事了。

この "起来" は「〜すると」というニュアンス、"费事" は「手間がかかる、骨が折れる」という意味です。

② ごはんやったり、散歩させたり

　「ごはんをやる」は "喂wèi（赤ちゃんやペットなどにごはん・えさをやる）"という動詞を使うといいでしょう。「（犬の）散歩をする」は "带狗去散步" でも通じますが、"遛狗liù gǒu" という言い方が短くて便利です。以下の訳文は非常に自然でした。

> ◎　又要喂它，又要去遛狗……
> ◎　喂食呀、遛狗呀什么的。

③ たしかにね

　"的确是" "说得对" "就是" などの言い方にしてもいいですが、相手の言うことに大賛成だというニュアンスが強くなります。「たしかにそうなんだよね」「それもそうだよね」くらいのニュアンスなら、以下の言い方のほうが自然です。

> ◎　也是。／你说的也是。

④ うちには庭もないし無理かなあ

　「無理かなあ」には、"没办法" "不能养" "养不了" "不行" "养不成" など、たくさんの訳が出てきました。ここでは「犬を飼うことは叶わないだろうなあ」という意味なので、可能表現を使ったほうがよいでしょう。

> ◎　我们家连院子也没有，还是养不了哇。

　可能補語以外に、"没法儿养" という表現も口語でよく使います。"法儿" は

fārと第1声で発音することも多いです。

「小型犬」はそのまま"小型犬"という言い方もありますが、話し言葉ではあまり使いません。"小狗"で十分です。また、「家」の訳語が意外といろいろ出てきました。ここでついでに整理しておきましょう。

家	場所や家庭としての家

你家在哪儿?　お住まいはどちら?
你家几口人?　何人家族ですか?

房子　建物としての家
听说小王买新房子了。　王さんは新居を買ったそうだ。
现在北京的房子特别贵。　いま北京の住宅はすごく高い。

房间　家や建物の中の部屋
你家里有几个房间?　お宅は何部屋ありますか?
我住在北京饭店201房间。　私は北京飯店の201号室に泊まっている。

屋子　"房间"とほぼ同じだが、ほとんどの場合「家の中の部屋」として使う。ホテルなどの部屋は"房间"と言うことが多い。
她一回家就进了自己的屋子。　彼女は帰るとすぐに自室に入った。
别总在屋子里呆着，出去走走吧!
部屋にばかりいないで、外に出かけてきなさい。

房屋　建物としての家屋
很多房屋被洪水冲垮了。　多くの家屋が洪水によって倒壊した。
山上有可以休息的小房屋。　山には休憩できる小屋がある。

ここでは「庭がない」と言っているので、場所としての"家"を使いましょう。会話ではAさんとBさんの関係がはっきり読みとれません。二人が友人同士なら"我家"、家族なら"咱们家"となります。

A：你看，这只狗真可爱！ 啊，要二十万日元啊，这么贵啊！

Nǐ kàn, zhè zhī gǒu zhēn kě'ài ! À, yào èrshí wàn Rìyuán a, zhème guì a !

B：贵不贵先不说，主要是照顾起来太费事了。又得喂它，又得去遛狗什么的。

Guì bu guì xiān bù shuō, zhǔyào shì zhàoguqilai tài fèishì le. Yòu děi wèi tā, yòu děi qù liù gǒu shénme de.

A：这倒是。而且我家连个院子也没有，看来还是没法儿养了。

Zhè dào shì. Érqiě wǒ jiā lián ge yuànzi yě méiyou, kànlái háishi méifǎr yǎng le.

B：不过要是小狗的话倒可以在家里养。

Búguò yàoshi xiǎo gǒu dehuà dào kěyǐ zài jiā li yǎng.

A：ああ、けっこう伸びましたね。3か月ぶりでしたっけ。

B：仕事忙しくて。毛先が痛んできたし、もうばっさり切っちゃおうかな。

A：思い切って短くしましょうか。肩につかないくらいの長さでも大丈夫ですか。

B：そうですね。じゃあ、山本さんの腕を信じてお任せしようかな。

① けっこう伸びましたね

"长得多"と訳した人が多かったですが、ここは「（髪の）長さが伸びた」ということなので、"多"ではなくて、"长"を使ったほうがいいですね。

"长"は多音字で、動詞「成長する、伸びる」のときはzhǎng、形容詞「長い」のときはchángと発音します。ちょっとややこしいですが、ここでは "长zhǎng得这么长cháng了" と様態補語の形で言うか、結果補語の形 "长长zhǎngcháng" に "这么" を入れて、"长这么长了" と言うのが自然です。

② 3か月ぶりでしたっけ

「～ぶり」はなかなか中国語に訳しにくい日本語の1つです。日本語の「久しぶり」は「久しぶりに会った」ということですが、中国語ではこれを "好久没见" や "好久不见"、つまり「長い間会ってなかった（が、やっと会えた）」というふうに表現します。日本語では「～ぶりに…した」と肯定の形で言うのに対して、中国語では「どのくらいの間…しなかった」と否定の形で表現するわけです。「半年ぶりに映画を観た」ならば、"半年没看电影了。" と訳せます。または、ちょっと面倒な言い方になりますが、"今天看电影了，上次看电影是半年以前。" のように「…した、この前…したのはいついつだった」と言うこともできるでしょう。

ですから、この「（美容院に来るのが）3か月ぶりでしたっけ」は、次のように表現するのが自然です。

◎ 有三个月没来了吧?

◎ 上次来是三个月以前吧?

③ 毛先が痛んできたし

　ここの「痛む」はもちろん「痛みを感じる」の意味ではなく、「損なわれる、傷がつく」という意味ですね。中国語の口語には、これに近い "伤" という表現があります。「毛先」は "发梢 fàshāo" と言いますから、次のように訳すのがいいでしょう。

◎ 发梢有点儿伤了

◎ 发梢伤得挺厉害的

　ちなみに、「毛先が痛む」典型的な状態として「枝毛」が挙げられますが、中国語では枝毛のことを "头发分叉 chà" と言います。

④ ばっさり切っちゃおう／思い切って短くしましょうか

　「ばっさり切っちゃう」と「思い切って短くする」は、意味がほとんど同じでも、日本語だとまったく違う表現になっています。中国語では似たような表現になってしまいますが、こういうときは、なるべく重ならないように工夫が必要です。たとえば、こんな訳はどうでしょうか。

◎ 我想这次干脆剪得短一点儿。／那就剪短好了。

　"干脆 gāncuì" は「いっそのこと、思い切って」という意味の副詞で、この会話にぴったりな表現です。
　投稿では "下决心（決心を固める、決意する)"、"大胆（度胸がある、はばからない)"、"痛快（豪快に、痛快に)" などの訳もありましたが、日本語のニュアンスのように、大げさな感じがしたり、意味のずれがあったりして、ここでは不適切です。

⑤ 肩につかないくらいの長さ

絵なら簡単に書けそうですが、中国語で言おうとすると、意外と難しいですね。投稿ではいろいろな訳がありました。上の2つでも伝わると思いますが、下の2つのほうが自然ですね。

- △ 长度不到肩膀
- △ 头发触不到肩上
- ◎ （长度）剪到肩膀以上
- ◎ （长度）不过肩膀

ちなみに、「(前髪が) 眉毛にかかる／かからない」は次のように言います。

遮住眉毛 zhēzhù méimao／**露出眉毛** lòuchu méimao

美容院でこういう細かいリクエストを伝えるのは難しいですよね。偉そうに解説を書いている僕も、じつはいろいろと注文するのが面倒で、つい "**照原样剪短就行了**（今のままで短くカットしてください）" と言ってしまいます。本当は髪型を変えたいときもあるのですが……。

⑥ 山本さんの腕を信じてお任せしよう

「お任せする」は "**交给你了**" "**听你的吧**" など、いくつかの言い方がありますね。この会話では、どれも使えます。ほかに、"**你看着～吧**"「(あなたに任せるから) 状況を見て、適宜～してくださいね」という表現を使ってもいいでしょう。

- ◎ **你看着剪吧。**

また、これまでにも見てきたとおり、中国人同士は会話の中で相手の名前をあまり言わず、"**你**" や "**您**" を使うのが一般的です。名前を言うと、ほかの第三者のことのように聞こえてしまうからです。ここでも "**山本先生／小姐**" ではなく、"**你**" で十分です。

A：哎哟，长（得）这么长了！有三个月没剪了吧？

Āiyō, zhǎng(de) zhème cháng le！Yǒu sān ge yuè méi jiǎn le ba?

B：工作忙，一直没时间来。头发梢也伤得挺厉害的，我想这次干脆剪得短一点儿。

Gōngzuò máng, yìzhí méi shíjiān lái. Tóufàshāo yě shāngde tǐng lìhai de, wǒ xiǎng zhè cì gāncuì jiǎnde duǎn yìdiǎnr.

A：那就剪短好了。剪到肩膀以上怎么样？

Nà jiù jiǎnduǎn hǎo le. Jiǎndào jiānbǎng yǐshàng zěnmeyàng？

B：你看着剪吧。我相信你的技术。

Nǐ kànzhe jiǎn ba. Wǒ xiāngxìn nǐ de jìshù.

解説6

A：こんなに雪降ってても、サンタさん来てくれるのかな。
B：サンタさんは、大きなそりに乗ってるから雪でも大丈夫。
A：くまのダッフィーのぬいぐるみ頼んだの。抱っこして寝られる
　　くらい大きいやつ。
B：じゃあ早く寝ないと。夜更かしする悪い子のところにはサンタ
　　さん来ないよ。

① こんなに雪降ってても

　皆さんはきっと「雪が降る」と見たとたんに "下雪" が頭に浮かぶことでしょう。「こんなに（たくさん）雪が降る」なら "下这么大雪" となります。これで何の問題もありませんが、"雪下得这么大"、または "雪这么大" と訳してもOKです。こちらのほうがコンパクトですし、「雪がこんなにひどいから〜」と先に続くセリフがあることを予感させる言い方になります。

② サンタさん来てくれるのかな

　　◎　圣诞老人会来吗?

　こんなふうに確信がもてないことを表現するときには、可能性を表す助動詞 "会" がぴったりです。日本語は「来てくれる」という恩恵の表現になっていますが、中国語ではわざわざ "给我来" と言う必要はありません。日本語では「誰々が〜してくれる」「誰々に〜してもらう」といった言い方をよくしますが、中国語では訳さなくていい場合も多いのです。

③ 大きなそり

　「大きい」は、もちろん "很大" "大大的" などでもOKですが、口語では "大得很" と言うこともよくあります。"〜得很" は程度補語で、「とても〜、すご

く〜」を表します。

④ ぬいぐるみ頼んだの

「頼む」という日本語から、投稿には "请""拜托""求" などを使った、いろいろな訳がありました。

- ×　我请他达菲熊。
- ×　我拜托了他达菲熊。
- △　我求他给我达菲熊。

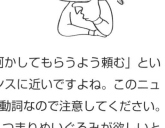

でも、相手はサンタクロースですから、「人に何かしてもらうよう頼む」というより、「神様に願いごとをする」というニュアンスに近いですよね。このニュアンスにぴったりなのが "许愿 xǔyuàn" です。離合動詞なので注意してください。

サンタさんにぬいぐるみを頼んだというのは、つまりぬいぐるみが欲しいということですから、中国語ではストレートに "我想要一只达菲熊。" と訳せばいいでしょう。"许愿" を使わずに、これだけでも言いたいことは十分に伝わります。

⑤ 夜更かしする悪い子のところにはサンタさん来ない

「悪い子」をそのまま訳すと "坏孩子" ですが、これは「悪ガキ」のようなニュアンスで、小さい子に対してはちょっと言い過ぎな感じがします。子どもが言うことを聞かないことを表すには "不听话" や "不乖 guāi" がふさわしいでしょう。

「サンタさん来ないよ」の部分は、②と同様に可能性を表す "会" を使いましょう。"会〜的" をセットで使えば、断定のニュアンスが強くなります。

△　圣诞老人不会来晚上不睡觉的不听话的孩子的家的。

しかし、これでは正しい中国語ではあっても、ちょっと長すぎますね。短くすっきりした訳にするには工夫が必要です。このセリフの前に「じゃあ早く寝ないと」がありますから、まず"那你快睡吧"と言ってしまいましょう。その後ろに"要是不听话〜"（言うことを聞かないと〜）と続ければ、"不听话"には「夜更かしする」という意味が含まれることになり、わざわざ訳出する必要がなくなります。

◎　那你快睡吧。要是不听话，圣诞老人是不会来的。

"圣诞老人是不会来的"の"是"はなくてもかまいませんが、あったほうが、話し手がそう判断したのだということがはっきり伝わります。

翻訳例

A：雪这么大圣诞老人也会来吗？
Xuě zhème dà shèngdàn lǎorén yě huì lái ma？

B：圣诞老人坐的雪橇大得很呢，下大雪也没关系。
Shèngdàn lǎorén zuò de xuěqiāo dà de hěn ne, xià dà xuě yě méi guānxi.

A：我许了愿，想要一只达菲熊。能抱着睡觉那么大的。
Wǒ xǔle yuàn, xiǎng yào yì zhī Dáfēixióng. Néng bàozhe shuìjiào nàme dà de.

B：那你快睡吧。要是不听话，圣诞老人是不会来的。
Nà nǐ kuài shuì ba. Yàoshi bù tīnghuà, shèngdàn lǎorén shì bú huì lái de.

解説 7

A：大丈夫！？　あいつらひどいわ！
B：おまえが泣いたってしょうがねえだろ。
A：どうしてこんな目に遭わなきゃいけないの……
B：泣くなって。よくあることさ。
A：くやしくないの？
B：あんな奴らを相手にすんのバカバカしいだろ。

---

① 大丈夫！？　あいつらひどいわ！

「大丈夫！？」をそのまま "你没事儿吗?" と訳した人もいましたが、第2章の解説6で見たとおり、"你没事儿吧?" と訳したほうが自然です。

「ひどい」は表す意味がとても広いので、文脈によっていろいろな訳し方があります。辞書を調べると、「むごい」という意味の訳語は "残酷" "无情" "粗暴" "太过分" などが出てきます。

残酷／无情	酷である、無情である
粗暴	態度や行動が乱暴で荒々しいことを表す
太过分	度を越している、やり過ぎだというニュアンス

また、程度が甚だしいことを表す訳語として "厉害" がよく使われますが、"厉害" はよく程度補語の形で用いられます。

头疼得很厉害。	頭痛がひどい。
今天热得厉害。	今日はひどい暑さだ。

この会話では状況がはっきりしないのですが、"太过分" と訳すのが無難ですね。

---

② おまえが泣いたってしょうがねえだろ

「しょうがない」は "没办法" "没用" のように訳せます。"没办法" と "没用"

は意味が近く、言い換えられることもありますが、**"没办法"** は「仕方がない、方法がない」、**"没用"** は「意味がない、役に立たない」というニュアンスの違いがあります。ここでは **"没用"** を使うのがよさそうですね。

　また、原文の語気はかなり強いので、下のように反語文の形で表現したほうが生き生きします。

　　○　你哭也没用吧。
　　◎　你哭有什么用啊?

③ どうしてこんな目に遭わなきゃいけないの

「こんな目に遭う」は、投稿では次のような訳がありました。

　　△　吃这样的苦头
　　△　受这种伤害
　　△　遭遇这种事情

　文脈を考えなければ、いずれも正しい表現です。しかし、**"吃苦头"** は「苦労をする、苦しい経験をする」の意味合いで、この会話には合いません。**"受伤害"** は「(心が)傷つく」という意味合いなので、やはりちょっと違いますね。**"遭遇这种事情"** は直訳すると「こんなことに遭遇する」となり、これならよさそうという感じがするかもしれません。しかし **"遭遇"** は文学的な表現で、ちょっと大げさで硬い感じがします。

　では、自然な会話ならどのように表現すればよいか。「運が悪い、ついていない」という意味の **"倒霉 dǎoméi"** を使ってみるのがいいでしょう。

　　◎　**怎么这么倒霉呀!**　　なんでこんなについてないの!

　ひどい目には遭いたくないものですが、もしこの会話のような状況に出合ってしまったら、このセリフを思い出してくださいね。

④ 泣くなって。よくあることさ

ここはセリフのニュアンスをうまく捉えて訳したいですね。

　◎　**好了，别哭了。常有的事嘛。**

"**别哭了**" が「泣くな」に当たりますが、"**好了**" を付けることで、「（もう）泣くなって（ば）」というじれったい気持ちを込めた表現になります。文末の "**嘛**" は「〜だもの」「〜さ」に相当する語気助詞です。

⑤ くやしくないの？

　敗北感や屈辱感・鬱憤などの気持ちを表す「くやしい」というとても便利な言葉。しかし、それにぴったり当たる言葉は中国語にないので、なかなか訳しづらいです。中国語では、くやしさの種類によっていろいろな表現があります。
　敗北感を表す場合は、"**遗憾**""**可惜**" などがよく使われます。

　　　比赛输了，太遗憾了。
　　　試合に負けてすごくくやしい。

　　　就差一分就及格了，真可惜！
　　　あと1点で合格なのに。本当にくやしい。

屈辱感を表す場合は、"**不甘心**""**不服气**" などの表現があります。

　　　被别人看不起，很不甘心。
　　　人にバカにされてとてもくやしい。

　　　不服气就来试试呀！
　　　くやしかったらやってみろ！

　この会話のように、憤りの気持ちが強い場合は "**生气**""**气愤** qìfèn""**窝火** wōhuǒ" などを使ってみましょう。会話では、"**气**" だけを言うこともよくあります。

　　　妈的！气死我了！　　くそー！　くやしい！

⑥ あんな奴らを相手にすんのバカバカしいだろ

　直訳ではなかなかうまくいかないので、ふつう教科書や参考書にはあまり出てこない、非常にネイティヴらしい表現をしてみます。

◎　傻瓜才跟那种人一般见识呢。

　"跟～一般见识"は「～（程度の低い相手）と大人気なく張り合う」という意味です。"傻瓜"は「バカ」、その後ろの副詞"才"は文末の"呢"と呼応して強い断定の語気を表しています。つまり「ああいうやつらと大人気なく張り合うのはバカだけだ」という意味になりますね。

翻訳例

A：你没事吧？那些家伙太过分了！
　　Nǐ méi shì ba ? Nàxiē jiāhuo tài guòfèn le !
B：你哭有什么用啊？　　Nǐ kū yǒu shénme yòng a ?
A：怎么这么倒霉呀！　　Zěnme zhème dǎoméi ya !
B：好了，别哭了。常有的事嘛。　　Hǎo le, bié kū le. Cháng yǒu de shì ma.
A：你不气吗？　　Nǐ bú qì ma ?
B：傻瓜才跟那种人一般见识呢。
　　Shǎguā cái gēn nà zhǒng rén yìbān jiànshi ne.

【余談】男言葉と女言葉

　解説7を見ると、日本語の原文ではAとBどちらが男か女か一目瞭然なのに、中国語訳は内容をよく理解しないと男女の判別がつきにくいですよね。中国の女性は語尾を伸ばしたり、語気詞や感嘆詞を多用したりするといった現象が見られますが（地域差・個人差あり）、現代中国語では日本語の男言葉・女言葉のような表現はほとんどないと言っていいでしょう。そのため、中国人の日本語学習者にとってその違いはなかなかマスターしにくいものです。

　僕は日本語を習いはじめたころ知り合った日本人に女性が多かったせいか、しゃべり方がちょっとヤバイ時期がありました。公園を散歩していたとき、真っ赤な夕日を見て「きれいね」と言ったらみんなに笑われ、「お母さんみたい」と言われたり。「くそー！　今度は男言葉を使ってやる！」と思って、喫茶店で「おまえ、砂糖いるか？」と言ったらまた笑われ、「お父さんみたい」と言われたり。単に "夕阳真美。" "你要糖吗？" と言いたかっただけなのに……。

　そういえば、2016年に大ヒットした『君の名は。』（中国語タイトル《你的名字。》）をご覧になりましたか？　主人公の少年・瀧（たき）と少女・三葉（みつは）の身に起きた「入れ替わり」という謎の現象と、地球に接近する彗星をめぐる出来事を描いたアニメ映画です。物語はもちろん、瀧と三葉のセリフが興味深くて、僕は何度も観ました。物語の中では、2人の体が入れ替わっても、「僕」と「私」など言葉遣いの違いによって中身がどちらなのか非常によくわかります。この映画は中国でも大ヒットしましたが、中国語のセリフにはこのような効果がないので、日本語に比べて理解しにくいだろうなと思いました。

　残念ながら《你的名字。》を観る機会はなかったのですが、どうしても気になって翻訳本を購入し読んでみると、なんと、「僕」と「私」はそれぞれ "我♂" "我♀" のように表記されているではありませんか！　三葉が瀧の体になったにもかかわらず男言葉に慣れていなくて戸惑うシーンでは、三葉が「私」「僕」「俺」と慌てながら言うのを、中国語版は "我（watashi）" "我（boku）" "我（ore）" と訳し分け、さらに注を付けてそれぞれの違いを教科書のように説明してあります。微笑ましく感じながらも、翻訳者の苦労が目に浮かびました。

第**5**章
原文にとわられすぎない

　以下の課題に出てくる「ありえない」「夢がある」「決まっている」「ビミョー」などは、どれも便利な表現ですが、文字通りに訳すと意味不明の中国語になってしまいます。日本語らしい独特の表現や日常会話ならではの言い方は、思い切って原文から少し離れて意訳してみましょう。文全体が何を言おうとしているのか理解できれば、同じ内容をほかの言い方で表現できるようになるはずです。

1

A：え、山田さんて1人でカラオケ行くの？
B：うん。ストレス発散にいいよ〜。
A：私には、1人っていうのはハードル高いなあ。
B：個室だし、入っちゃえば大丈夫だって。

→解説 p.118

2

A：課長のお土産もらった？　味噌味のチョコだって。
B：さっき食べたけど、あれはないね。ありえない。
A：なんでああいう変なもの買ってくるかね。
B：お土産なんて普通でいいのにね。

→解説 p.122

3

A：じつは昨日、年末ジャンボ買っちゃった。
B：へえ、今年はいくら当たるんだっけ？
A：前後賞あわせて10億円！　夢あるでしょ。
B：当たったら人生変わっちゃいそうだね。

→解説 p.126

4

A：今年こそは日記つけようと思って。
B：へえ〜私は続いたことないや。いつも三日坊主で。
A：去年は私も1週間くらいで挫折しちゃいました。
B：じゃあ記録更新がんばって！

→解説p.130

5

A：中島さんてかっこいいですよね。
B：え、オジサンじゃん。もう70近いんじゃないの。
A：渋くて素敵じゃないですか！　スーツもいつも決まってるし。
B：たしかにお腹出てないし、オシャレだけどね。

→解説p.134

6

A：この料理、ビミョーな味じゃない？
B：そう？　フツウにおいしいよ。
A：この香り、スパイスかなんか入ってるのかな。
B：ああ、そうかもね。私は好きな感じ。

→解説p.138

7

A：こちらのお部屋はいかがですか。駅から歩いて5、6分ですよ。
B：うーん、1階はちょっと。防犯とか、心配なんで。
A：でしたら、こちらがおすすめですね。3階ですし、築2年だか
　　らきれいですよ。
B：部屋も広くてよさそうですね。でも、この家賃はきついかなあ
　　……

→解説p.142

A：え、山田さんて1人でカラオケ行くの？
B：うん。ストレス発散にいいよ〜。
A：私には、1人っていうのはハードル高いなあ。
B：個室だし、入っちゃえば大丈夫だって。

① 山田さんて1人でカラオケ行くの？

　すでに見てきたように、中国語では、相手を呼び止めるときなど以外、ふつう名前で呼ぶことはありませんから、この「山田さん」は "你" と訳すのが自然です。

　「カラオケ」は "卡拉OK" ですが、"KTV" という言い方もあります。最近は「カラオケで歌う」を "唱K" や "K歌" などと言うことも多いです。たとえば "咱们去K歌吧！（カラオケ行こうよ）" のように使えます。

② ストレス発散にいい

　「ストレス発散」は "缓解压力" "放松心情" "消除精神紧张" など、いろいろな言い方がありますが、「ストレス発散にいい」はどう言えばいいのでしょうか。「〜にいい」の「〜」が名詞の場合は、ほとんど "对〜好" または "有益于〜" と訳せます。

> 对皮肤好　　　　肌によい
> 有益于健康　　　健康によい

　しかし、そうでない場合 "对〜好" は不自然になってしまいます。たとえば、「熱中症の予防にいい」は、動詞フレーズ "预防中暑 zhòngshǔ（暑気あたりを予防する）" を使って以下のように訳すのが自然です。

> 对预防中暑有好处
> 对预防中暑有帮助
> 对预防中暑很有效

このセリフの訳も、同じように "対〜有好处" などを使って表しましょう。

- ◎ 对放松心情很有好处
- ◎ 对缓解压力很有效

もっと簡単に、こう言ってもいいでしょう。

- ◎ 可以放松心情
- ◎ 可以缓解压力

　ちなみに、投稿では "发泄 fāxiè (発散する)" を使った人も多かったですが、"发泄" はたいてい "发泄不满" や "发泄怒气" などように、不満や鬱憤といった目的語と組み合わせて使いますので、ここではちょっと適切ではないですね。

③ 私には、1人っていうのはハードル高い

　「ハードル高い」は「難易度が高い」ということですので、"难度大" と訳せばOKでしょう（中国語では "难度高" ではなく、"难度大" と言うことに注意）。形容詞 "大" の前にはふつう程度副詞が必要なので、ここでは好ましくないことに使う "有点儿" を加えて、"难度有点儿大" のようになります。

- ○ 对我来说，一个人去（唱卡拉OK）难度有点儿大。

　しかし、これでは直訳調な感じがします。同じ状況で、僕なら以下のように言いそうです。

- ◎ 是吗？ 不过我可不好意思一个人去。
- ◎ 是吗？ 不过我可不敢一个人去。

　まず "是吗？" で相づちを打って、「でも、やっぱり1人で行くのは恥ずかしいなあ」と続ける言い方ですね。または助動詞 "敢" を使って「1人で行く勇気はないなあ」と表現することもできます。強調を表す副詞 "可" の用法に注意

しましょう。副詞 "可" は平叙文に用いて、「(ほかの人・ほかのことはさておき)～は」という強調のニュアンスを表します。

> **这么贵的东西，我可买不起。**
> こんなに高いもの、私なんかにはとても買えない。
>
> **不管怎么样，打人可不行。**
> どんな状況であろうが、暴力だけは絶対にいけません。

　③のセリフは、「あなたにはできるかもしれないけれど、私には難しい」というニュアンスです。この副詞 "可" を使って「(あなたと比べて／あなたはさておき) 私は」という強調の語気を表しましょう。

④ 個室だし

　日本語の「～(だ)し」は原因・理由を表すことができます。中国語の原因・理由を表す表現としては "因为～所以…" をよく使いますが、「なぜかというと、～だからだ」というニュアンスでちょっと大げさな感じになってしまいます。代わりに、ここでは "反正" を使ってみましょう。"反正" は「いずれにしても、どのみち、どうせ」という意味の副詞ですが、口語では日本語の「～(だ)し」と似た表現として、軽く原因を表す用法もあります。ほかの例を見てみましょう。

> **反正已经来不及了，咱们坐下一班电车吧。**
> どうせもう間に合わないんだから、次の電車に乗ろう。
>
> **反正是二手车，蹭 cèng 一下也不会太在意。**
> 中古車だし、ちょっと擦ったくらいでそれほど気にならない。

⑤ 入っちゃえば大丈夫

　投稿で多かったのは、次のような訳です。

> ○　**进去以后就没问题了。**

これでも意味は通じますが、より自然な表現をご紹介しましょう。

◎　进去以后就无所谓了。

"无所谓" は「どうでもいい、意に介さない」の意味で、会話でよく使われます。単独で使うこともできる便利な表現ですので、ぜひ活用してみてください。④と続けて、次のように表現するとぐんとネイティヴらしくなります。

◎　反正是单间嘛，进去以后就无所谓了。

"嘛" は「〜だもの」という語気を表す助詞です。でもこれでは「大丈夫だって」の語気が、まだ今一つ足りません。文頭に "没事儿!" を足せば、かなり原文のニュアンスに近づきます。

翻訳例

A：欸? 你一个人去唱卡拉OK啊?
　　Éi? Nǐ yí ge rén qù chàng kǎlāOK a ?

B：是啊，对放松心情很有好处哦＊／对缓解压力很有效哦。
　　Shì a, duì fàngsōng xīnqíng hěn yǒu hǎochù o / duì huǎnjiě yālì hěn yǒuxiào o.

A：是吗? 不过，我可不好意思一个人去。
　　Shì ma ? Búguò, wǒ kě bù hǎoyìsi yí ge rén qù.

B：没事儿! 反正是单间嘛，进去以后就无所谓了。
　　Méi shìr ! Fǎnzhèng shì dānjiān ma, jìnqu yǐhòu jiù wúsuǒwèi le.

＊　"哦" は文末で「〜よ」と語気を強調します。

A：課長のお土産もらった？　味噌味のチョコだって。
　B：さっき食べたけど、あれはないね。ありえない。
　A：なんでああいう変なもの買ってくるかね。
　B：お土産なんて普通でいいのにね。

① 課長

　「係長」「課長」「部長」「社長」などの肩書きを中国語に訳すときはちょっと
厄介です。そのまま中国語にすると意味がわかりにくかったり、ランクが違っ
ていたりするからです。たとえば、中国語には "系长" という肩書きはありま
せんし、"部长" は日本語の「○○省大臣」の意味になってしまいます。そもそ
も日本と中国の会社組織は同じではないため一概には言えませんが、「係長」「課
長」「部長」「社長」「会長」にほぼ相当する言い方は以下のとおりです。

　　係長：　　股长
　　課長：　　科长
　　部長：　　（部门）经理
　　社長：　　总经理
　　会長：　　董事长

② お土産もらった？

　「お土産」についても、訳すときには注意が必要です。直訳の **"特产" "土产" "土
特产"** などは「その土地の有名な特産品、名物」という意味で、郷土色のある
ものをイメージさせます。しかし、日本語の「お土産」は人を訪問するとき持っ
て行く贈り物などを指すこともあり、使用範囲が広いですよね。東京の人が地
方へ出張するとき持っていく人形焼なら **"特产"** ですが、どこでも売っていそ
うなクッキーの詰め合わせだったら **"特产"** とは言えません。
　ところが、今や人形焼だってどこでも買える時代になり、特産品かどうかの
境界線は曖昧になりました。ですから「お土産」は **"礼品"** と訳すのが無難でしょ

う。ただし "礼品" だけでは「プレゼント」というイメージもあるので、"科长带来的礼品" のように「（ほかのところから）持ってきた」という修飾語を加えると、より「お土産」の意味に近くなります。ちなみに、わりと最近日本語の「お土産」と同じ意味の "伴手礼 bànshǒulǐ" もよく聞かれるようになりました。そのうちもっと広く使われるようになるかもしれません。

また、「もらう」という意味の動詞はたくさんありますが、「（お土産を）もらう」の場合は "收到" をよく使います。

　　○　你收到科长带来的礼品了吗?

これでも問題ありませんが、目的語 "科长带来的礼品" がちょっと長いので、これを文頭に置くと全体のバランスがよくなります。

　　◎　科长带来的礼品你收到了吗?

このように目的語を文の頭の部分に移動し、文のテーマとして際立たせることを文法上「主題化」と言います。

③ 味噌味のチョコだって

「味噌」は中国語で "大酱" または "黄酱" と言いますが、日本の料理名や食材名が漢字であれば、それをそのまま中国語の発音で言う傾向があります。「味噌」もそのまま中国語読みして wèizēng と言う中国人が非常に多いのですが、じつは辞書には "噌 cēng" という発音しか載っておらず、zēng は誤読です。しかし、「嘘も1000回言えば真実になる」じゃないのですが、ほとんどの人が wèizēng と発音することによって、本来の wèicēng という読み方が逆に間違いのようになってしまいました。こういうややこしい事情を避けるために、今のところはやはり "大酱" または "黄酱" と訳しましょう。

　　◎　竟然是大酱味的巧克力!

「なんと、意外にも」という意味の副詞 "竟然" を使っているのは語気を強めるためです。

④ あれはないね。ありえない

　これを直訳しても、何を言っているのかさっぱりわからないので、意訳する工夫が必要です。原文で言いたいのは「まずいね、こんな食べ物は許せないよね」ということですから、この気持ちを表すために、以下のように訳してみました。

　◎　**什么玩意儿啊？难吃死了！**

　"**玩意儿**" は物や事柄をけなして言う表現で、"**什么玩意儿啊？**" は「なんだそれ？」という意味の慣用句です。"**死了**" は程度が甚だしいことを表す程度補語ですね。

　投稿では、"**不像话（ひどい、話にならない）**" という訳語もありましたが、"**不像话**" はふつう言動や事態について使うので、ここでは使えません。

⑤ なんでああいう変なもの買ってくるかね

　投稿では多くの人が次のように訳しました。

　○　**他为什么买来那种奇怪的东西呀？**

　これでまったく問題なく、教科書式の模範解答と言ってもよいでしょう。しかし、実際の会話では、よく以下のような言い方をします。

　◎　**你说他怎么偏买那种古怪的东西呀？**

　"**你说**" は相手の意見や同意を求めたりするときによく使います。「なんでああいう変なもの買ってくるかね」には、ＡさんがＢさんに同意を求めるニュアンスが含まれているので、"**你说**" という表現がぴったりですね。

　"**为什么**" と "**怎么**" はどちらも「なんで、どうして」という意味ですが、"**怎么**" は "**为什么**" に比べて、意外さやいぶかる気持ちが含まれるので、ここは "**怎么**" のほうがいいですね。

　"**偏** piān" は "**偏偏**" とも言い、「よりによって〜、ほかでなく〜」という予想や期待に反する意味を表す副詞です。この "**偏**" を使うことで、「お土産にふさ

わしいものはいくらでもあるのに、よりによって味噌味のチョコレートかよ！」
という語気を表せます。

　「変なもの」は"奇怪的东西"でもOKですが、"奇怪"より、「変わっている、変てこだ」という意味の"古怪"のほうがより原文に近いと思います。

　これはわりと原文に近い、次のような訳で問題ありません。

　　○　礼品嘛，一般的东西就行了。

さらに一歩進んで、よりネイティヴらしい言い方を見てみましょう。

　　◎　可不是！送点儿一般的东西不就行了嘛。

　原文の文末に同調の語気を表す「ね」を使っているので、中国語訳には同じ語気を表す"就是"や"可不是"を文頭に置きましょう。"点儿"は"一点儿"の略で、必須ではありませんが、あったほうがより語気が軟らかく、会話らしくなります。最後は"就行了"だけでもいいのですが、ちょっと淡々とした感じなので、"不就行了嘛"という反語的な言い方にして語気を強めています。

翻訳例

A：科长带来的礼品你收到了吗？竟然是大酱味的巧克力！
　　Kēzhǎng dàilai de lǐpǐn nǐ shōudào le ma？Jìngrán shì dàjiàng wèi de qiǎokèlì！

B：我刚才尝了尝，什么玩意儿啊？难吃死了！
　　Wǒ gāngcái chángle chang, shénme wányìr a？Nánchī sǐle！

A：你说他怎么偏买那种古怪的东西呀？
　　Nǐ shuō tā zěnme piān mǎi nà zhǒng gǔguài de dōngxi ya？

B：可不是！送点儿一般的东西不就行了嘛。
　　Kěbúshì！Sòng diǎnr yìbān de dōngxi bú jiù xíng le ma.

解説3

A：じつは昨日、年末ジャンボ買っちゃった。
B：へえ、今年はいくら当たるんだっけ？
A：前後賞あわせて10億円！　夢あるでしょ。
B：当たったら人生変わっちゃいそうだね。

① じつは

　中日辞典を引くと、「じつは」の訳語として "说真的" "说实在的" "其实" などがあります。

> **说真的（／说实在的），我不太喜欢那个人。**
> じつは、わたしはあの人が苦手だ。
> **他看起来很平静，其实，心里紧张极了。**
> 彼は落ち着いているように見えたけど、じつはすごく緊張していた。

　日本語の「じつは」は、何かちょっとした提案・報告をするとき、相手の注意を引くために使うことが多いですね。しかし、第3章9で見たように、中国語で同じ効果を出すには文頭に「あのね」といった感じの感嘆詞 "哎" や "欸" などを加えたり、"我啊，昨天啊，……" のように文を細かく切って間に "啊" を付けたりすれば十分です。

　また、投稿では "我说" という訳語が多く見られました。"我说" はたしかに相手に自分の言葉を聞いてもらいたいときに呼びかける表現ではありますが、「あのさあ、いいかい」といった語気で、ちょっとおやじくさい（？）表現です。

> **我说，你把电视机的声音调小一点儿。**
> あのさあ、テレビの音をちょっと小さくしてくれよ。

　この "我说" に似た表現で "我跟你说" や "我跟你讲" があります。"我说" よりも一般的な表現なので、ここで使ってみてもいいでしょう。

② 年末ジャンボ

ここでついでに、宝くじ関連の中国語をいろいろ見てみましょう。

宝くじ	**彩票／奖券** jiǎngquàn
当たる	**中** zhòng〔動詞〕
抽選	**抽奖／摇奖**
結果発表	**开奖**
1等賞	**头等奖／一等奖／头彩**

　中国の宝くじは日本のロトやナンバーズのような数字選択式やスクラッチ式のものもあれば、スポーツの試合結果を予想するものなどもあって、種類がとても多いです。これらの宝くじの販売と抽選は1年中各地で行われ、日本の「年末ジャンボ」のような特別な時期に販売する国民的な宝くじはあまりないようです。

　さて、この中国にない「年末ジャンボ」はどう表現すればいいのでしょう。「年末」はそのまま "**年末**" でも "**年终**" でもよさそうですね。「ジャンボ」はつまり「巨額賞金」のことですから、"**年末巨奖彩票**" や "**年终大奖彩票**" のように訳すとうまく伝わるでしょう。

③ いくら当たるんだっけ？

　このような確認の問いかけは、口語では "**～来着?**" と言います。第1章9にも出てきましたね。「いくらだっけ？」は "**多少钱来着?**" と言えばいいのですが、「いくら当たるんだっけ？」は "**中多少钱来着?**" ではなく、次のように言ったほうが自然です。

　　◎　**奖金是多少钱来着?**

　ちなみに復習ですが、日本語の「～だっけ？」と違い、"**～来着?**" は基本的に疑問詞と一緒に使うのがふつうです。

○ 今年的奖金是多少钱来着?

今年の賞金はいくらだっけ？

✕ 今年的奖金是10亿日元来着?

今年の賞金は10億円だっけ？

疑問詞を使わない場合は、"今年的奖金是不是10亿日元？" や "今年的奖金好像是10亿日元吧？" のような言い方で表現しましょう。

④ 夢あるでしょ

簡単そうなのに、非常に日本語らしい表現で、なかなか中国語に訳しにくいですね。

✕ 有梦吧。

こんなふうに直訳しても、それを聞いた中国人は「はい？」という顔になるでしょう。このような場合は原文にとらわれず、同じ意味、または近い意味のほかの言い方にアレンジしてみましょう。

日本語の「夢のある」は、weblio 実用日本語表現辞典（www.weblio.jp/cat/dictionary/jtnhj）で調べてみると、「将来そうありたいと思えるような展望がある様子、実現できたらさぞ素晴らしいだろうと思えるさま」だと書かれています。この解釈を読んで、僕の頭には "令人期待" "充满希望" などの表現が浮かんできました。また、「夢」という言葉を生かして、以下のような訳がわりと原文に近いのではないかなと思います。

◎ 这个美梦很令人期待吧?　　この素敵な夢には期待できるよね。
◎ 是个充满希望的美梦吧?　　希望あふれる素晴らしい夢でしょ。

ただ、原文には近いですが、ちょっと長いし、硬いかもしれません。もう少しくだけだ言い方でもよろしいかと思います。

◎ 是个很大的美梦吧。

また、会話中の「夢あるでしょ」が表したいのは「当たるといいよなあ〜」

という気持ちですから、原文の表現からちょっと離れてしまいますが、**"要是中了就好了"**（もし当たったらいいな）と訳してもよいでしょう。

⑤ 人生変わっちゃいそう

投稿には上手な訳が多くありました。

- ◎　肯定会改变人生
- ◎　以后的人生一定会变样的
- ◎　生活一定会发生很大的变化

　ここで注意したいのは、日本語は「人生変わっちゃい<u>そうだね</u>」という断定を避けた言い方なのに、中国語訳では「きっと、必ず」という断定の意味を表す副詞 **"肯定"** や **"一定"** が使われているところです。可能性を表す助動詞 **"会"** は単独でも使えますが、**"肯定" "一定"** や **"可能" "也许"** などの副詞と相性がよく、一緒に使うことが多いので、セットで使うことをおすすめします。

　ちなみに、日本の天気予報では、「明日は雨が降るでしょう」のように言いますが、中国の天気予報は **"明天有雨"** とかなり断定的な言い方をするのが一般的です。日本語では、降水確率が100パーセントに近いとしても、未来のことは断定しづらいので、「～だろう」「～そうだ」と表現します。中国語の考え方とは違うのが興味深いですね。

翻訳例

A：哎，（我跟你说，）昨天啊，我买年末巨奖彩票了。
　　Āi, (wǒ gēn nǐ shuō,) zuótiān a, wǒ mǎi niánmò jùjiǎng cǎipiào le.

B：是吗，今年的奖金是多少钱来着?
　　Shì ma, jīnnián de jiǎngjīn shì duōshao qián láizhe ?

A：包括前后奖，一共10亿日元呢! 是个很大的美梦吧!
　　Bāokuò qiánhòujiǎng, yígòng shíyì Rìyuán ne ! Shì ge hěn dà de měi mèng ba !

B：要是中了，肯定会改变人生啊。
　　Yàoshi zhòng le, kěndìng huì gǎibiàn rénshēng a.

解説
4

A：今年こそは日記つけようと思って。
B：へえ～私は続いたことないや。いつも三日坊主で。
A：去年は私も1週間くらいで挫折しちゃいました。
B：じゃあ記録更新がんばって！

① 今年こそは日記つけようと思って

「今年こそ」の語気を表すには、副詞 "可" を使ってみましょう。「～しよう
と思う」は助動詞 "想" よりも、"要" を使ったほうが強い決心を感じさせます。
さらに "要" の前に「ぜひとも、必ず」の意味を表す副詞 "一定" を付ければ、「今
年こそ～するぞ！」という語気が十分表せるでしょう。

「日記をつける」は "写日记" "记日记" のどちらでもOKですが、ここでは単
に「今年は日記をつけよう」ではなくて、「(これまでも何度か試みたけど、続
けられなかったので) 今年こそは (挫折せずに続けて) 日記つけようと思って」
というふうに、カッコ内のニュアンスが含まれています。ですから "坚持写日记"
のように、中国語訳には「がんばって続ける」という意味の動詞 "坚持" を加
えたほうがより意味がはっきりします。

　◎　今年我可一定要坚持写日记。

動詞の前に副詞や助動詞がたくさん付いていますが、"可一定要" という語順
は決まっていますので、間違えないように気をつけましょう。自信のない人は、
ここでぜひ声に出して "可一定要" と10回言って覚えてしまいましょう。

② へえ～私は続いたことないや

この「へえ～」は、驚きと感心のニュアンスを表す "真的 (吗)？" がぴった
りでしょう。

「続いたことないや」は "没坚持过" や "没继续过" のように訳した人が多かっ
たですが、ここは "没坚持下去过" というふうに、「続けていく」の意味を表す

130

方向補語 **"下去"** を付けて表現したほうが自然です。また、言い方を変えて、**"坚持不下去"** のように可能補語の否定形を使うと、よりコンパクトでネイティヴらしい表現になります。

◎　**真的? 我从来坚持不下去。**

③ いつも三日坊主で

中国語にも、「三日坊主」に相当する成語 **"三天打鱼，两天晒网"** があります。「三日出漁すれば、二日網を干す」という意味で、「すぐに飽きて長続きしない」ことのたとえです。この成語のほかに、**"没有常性"**（**"常性"** は「長続きする性格、根性」の意味）と表現することもできます。

②のセリフにそのまま続けてもいいですが、順番をひっくり返して次のように訳してもよいでしょう。

◎　**我总是三天打鱼，两天晒网，从来坚持不下去。**
◎　**我这个人总是没有常性，从来坚持不下去。**

また、投稿では、こんな訳もありました。

◎　**以前我也写过，但是没多长时间就坚持不下去了。**
　　以前、私も（日記を）つけたことがあるけど、何日も経たないで続けられなくなった。

一見、原文とだいぶ違いますが、表す意味は変わっていないし、非常に自然な表現になっています。この訳には、僕も目からウロコでした。

なるべく原文に近く、かつ自然に訳すのはもちろん重要なことですが、原文の意味を変えない前提で、形や言葉を大胆に変えてみるのも楽しいものです。これも翻訳の醍醐味ですね！

④ 去年は私も1週間くらいで挫折しちゃいました

日本語の語順そのままに訳すと、次のようになります。

○　去年我也只一个星期左右就放弃了

　これで文法上は問題なく、意味も通じますが、ちょっと長くて言いにくいですね。次のように短く分解し、動詞を付け加えたほうがわかりやすくなります。

　　◎　**我也是。去年只写了一个来星期就不写了。**
　　　私もです。去年はたった1週間ほどで書かなくなってしまいました。

　「私も」は **"我也"** だけでなく **"我也是"** になることに注意しましょう。「1週間くらい」は **"一个星期左右"** や **"大约一个星期"** などでも問題ありませんが、ここは **"一个来星期"** という表現を使ってみました。**"一个来星期"** は「1週間前後」の意味で、**"一个多星期（1週間あまり）"** と意味が違いますので、注意が必要です。

⑤ じゃあ記録更新がんばって！

　この日本語はとてもシンプルですが、中国語に訳そうとすると意外と難しいですね。「記録更新」は **"刷新记录"**（**"更新记录"** や **"打破记录"** でもOK）、「がんばって」は **"加油"** ですが、そのまま続けると意味がわかりにくくて何だか物足りない文になってしまいします。

　　△　刷新记录加油！

　ここでは「記録更新できるようにがんばって」という意味なので、わかりやすく訳すと **"那为了能够刷新记录，加油吧！"** となりますね。ただ、この言い方は友だち同士の会話としてはやや硬いので、次のようにするのが自然だと思います。

　　◎　那祝你今年能刷新记录。加油吧！

　なお、**"今年"** を付けたのは、前のセリフの「去年は〜」を受けて会話の流れをよりスムーズにするためです。

A：今年我可一定要坚持写日记。

Jīnnián wǒ kě yídìng yào jiānchí xiě rìjì.

B：真的？我从来坚持不下去，总是三天打鱼，两天晒网。

Zhēn de？Wǒ cónglái jiānchíbuxiàqù, zǒngshì sān tiān dǎ yú, liǎng tiān shài wǎng.

（真的？我以前也写过日记，可总是坚持不了多长时间。）

(Zhēn de？Wǒ yǐqián yě xiěguo rìjì, kě zǒngshì jiānchíbuliǎo duō cháng shíjiān.)

A：我也是。去年只写了一个来星期就不写了。

Wǒ yě shì. Qùnián zhǐ xiěle yí ge lái xīngqī jiù bù xiě le.

B：那祝你今年能刷新记录。加油吧！

Nà zhù nǐ jīnnián néng shuāxīn jìlù. Jiāyóu ba！

Ａ：中島さんてかっこいいですよね。
Ｂ：え、オジサンじゃん。もう70近いんじゃないの。
Ａ：渋くて素敵じゃないですか！　スーツもいつも決まってるし。
Ｂ：たしかにお腹出てないし、オシャレだけどね。

① 中島さんてかっこいいですよね

「かっこいい」という意味の言葉は、"帅""帅气""酷""潇洒 xiāosǎ""有风度""英俊 yīngjùn" など、いろいろありますね。投稿でも、いろんな訳が出てきました。これらの言葉には、どんな意味の違いがあるのでしょうか。

帅／帅气	容姿や格好がよいという意味。どちらかというと "帅气" のほうが若々しくて元気な感じ。
酷	英語の cool の音訳語。容姿よりも雰囲気や行動がクールで個性的だというニュアンスが強い。
潇洒	あか抜けていて、颯爽とした感じ。
有风度	風格があって上品な感じ。
英俊	顔がハンサムな美男子に使うことが多い。

会話に登場する「中島さん」はどんなふうにかっこいいのかわからないので、どれを使ってもかまいませんが、この機会にいろいろな「かっこいい」をマスターしましょう。

なお、ここでは相手の意見や同調を求めて「～よね」と言っているので、以下のように表現するとよいでしょう。

◎　你说中岛先生<u>是不是</u>挺帅的呀?
◎　我觉得中岛先生真的好帅，<u>你说呢</u>?
◎　中岛先生好帅哦!　<u>你不觉得吗</u>?

② オジサン

台湾経由で入ってきた「オジサン」の音訳語 **"欧吉桑 ōujísāng"** とその意訳語の **"大叔"** は、大陸でもとくに若年層でよく使われるようになりました。しかし、**"欧吉桑"** や **"大叔"** は具体的にどのくらいの年齢の男性を指すのか、よくわかっていない人も多いのでは？　僕のような40歳前後の中年男性ならぴったりだと思いますが、70歳近い方でしたら **"大叔"** とは呼びにくいでしょう。もともと **"叔"** は自分の父親より年下の兄弟や父親と同じ世代の人に対する呼び方ですから、オジサンはオジサンでも、わりと若いオジサンです。70歳近いオジサンであれば、北方では **"(老) 大爷"**、南方では **"(老) 伯伯"** などの呼び方が一般的です。

ちなみに、日本語ではもう死語になった「ロートル」ですが、その語源である **"老头儿**（おじいさん）**"** は、中国語では今でも健在です。平均寿命の長い現代社会では、まだ70になっていない中島さんを **"老头儿"** と呼ぶのはちょっと失礼な感じもしますが、**"人生七十古来稀**（70年生きる人は古くから稀である）**"** ということわざもありますし、**"老头儿"** と訳してもよいでしょう。

③ 渋くて素敵じゃないですか！

「渋い」も「素敵」も中国語には訳しにくいですね。渋くて素敵な60代の中島さんには、**"成熟"**（大人で老成している）や **"有味道"**（味がある）などの言葉が使えそうです。「〜じゃないですか！」の語気を表現するのには、語気を強調する副詞 **"才"** と念押しをする語気助詞 **"嘛（〜だもの）"** を付けてみましょう。

　　◎　**这才有成熟男人的味道嘛！**

ほかに、**"这才是成熟男人的魅力嘛！"** などと訳しても十分伝わります。また、投稿の中にはほかにも素敵な訳文がありました。

　　◎　**这种成熟感才有吸引力嘛。**
　　◎　**他是个成熟男人，很有魅力啊！**

ちなみに、「趣味が渋い」なら **"兴趣高雅 gāoyǎ"**、「声が渋い」なら **"声音有**

磁性cíxìng"などと訳せます。あわせて覚えておきましょう。

④ スーツもいつも決まってる

この「決まっている」は、「格好がよくおさまっている」「サマになっている」という意味ですね。中国語でぴったり同じ言葉はありませんが、"好看"や男性へのほめ言葉として使われる"精神（エネルギッシュで格好がいい）"、先ほど紹介した"有风度（風格があって上品だ）"などを使うのがよいでしょう。

「スーツが似合う」と考えて"配"と訳した人も多くいました。"配"はたしかに「似合う」という意味で、間違いではないですが、組み合わせがふさわしいというニュアンスなので「決まっている」とは少し意味がずれています。

また「いつも」については、"每次""经常""总是"などの訳語が考えられます。それぞれ「毎回」「（頻繁だという意味で）しょっちゅう」「（相変わらず）いつも」のニュアンスなので、ここでは"总是"を使うのが一番原文に合いますね。

◎　他穿西装也总是那么精神／好看。

◎　他的西装也总是看起来那么有风度。

⑤ お腹出てない

"肚子没有鼓出来"のように、そのまま訳しても中国語として問題ありませんが、次の訳のほうがより自然な言い方です。

◎　没有大肚子

この"大肚子"は僕のようにビールで育てた場合も多いので、"啤酒肚（ビール腹）"と訳してもよいでしょう。ほかに、"将军肚（将軍腹）"という言い方もあります。

また、お腹が出ていないということは「太っていない」わけですから、言い方を変えて"他不胖"と訳してもよいでしょう。

最後に、ちょっと変わった言い方もご紹介しましょう。

◎ **他没有肚子**

　これは、もちろん本当に「お腹がない」わけではなく、ぜい肉や脂肪がないという意味ですね。中島さんを見習って、70歳になっても80歳になっても**"又成熟又精神，没有大肚子的时尚老头儿"**を目指したいですが、ビールとラーメンが大好きな僕じゃ、やっぱり無理かなあ。

翻訳例

A：你说中岛先生是不是挺帅的呀？
　Nǐ shuō Zhōngdǎo xiānsheng shì bu shi tǐng shuài de ya？

B：啊？他都已经是老头儿了呀。都快七十了吧？
　Á？Tā dōu yǐjīng shì lǎotóur le ya. Dōu kuài qīshí le ba？

A：这才有成熟男人的味道嘛！他穿西装也总是那么精神。
　Zhè cái yǒu chéngshú nánrén de wèidao ma！Tā chuān xīzhuāng yě zǒngshì nàme jīngshen.

B：嗯，的确他没有大肚子，而且也挺时尚的。
　Ǹg, díquè tā méiyou dà dùzi, érqiě yě tǐng shíshàng de.

解説 6

A：この料理、ビミョーな味じゃない？
B：そう？　フツウにおいしいよ。
A：この香り、スパイスかなんか入ってるのかな。
B：ああ、そうかもね。私は好きな感じ。

① ビミョーな味じゃない？

　そもそも「微妙」とはどういう意味なのでしょうか。『広辞苑（第六版）』には、「細かい所に複雑な意味や味が含まれていて、なんとも言い表しようのないさま。こうと断定できないさま」と書かれています。

　会話によれば「スパイスかなんか」が入っているということなので、「複雑で、なんとも言い表しようのない味だ」という意味もある程度含まれているでしょう。しかしAさんのセリフは、「味が複雑で表現できない」というより、「ちょっと変わった味で、あまり自分の口に合わない」という意味合いが強いのではないかと思われます。「ビミョー」とカタカナで書かれていることからも、そんなニュアンスが受け取れますね。

　日本人は一般的に、自分の意見をはっきり言うのを回避する傾向があるように思います。とくに食べ物については、食材や食事を作ってくれた人のことを考えれば、「おいしくない」とか「味が変だ」といった言葉は口にしにくいでしょう。Aさんの言う「ビミョーな味」は、一種の否定的な婉曲表現だと言えるのではないでしょうか。

　では、この「ビミョーな味」をどう中国語に訳すべきでしょう？　中国語は全般的にストレートに表現する傾向があるので、ここでは「味がちょっと変わっている」と訳してみましょう。投稿で使われていた **"奇怪"** は「不思議だ、おかしい」、**"奇特"** は「珍しい、奇妙だ」というニュアンスなので、どちらもちょっと合わないですね。僕のおすすめの訳はこちらです。

　　◎　**味道有点儿怪怪的。**　　味がちょっと変だ。

　"怪" は「変だ、おかしい、変わっている」という意味で、**"怪怪的"** と重ね型にすると、より自然で話し言葉らしくなります。

ほかに、もっとストレートな表現になってしまいますが、**"这个菜不太好吃"** や **"这个菜味道不太好"** などの訳もアリだと思います。

　なお、中国語にも **"微妙 wēimiào"** という単語があり、日本語の「微妙」の基本用法とほぼ同じですが、否定的な婉曲表現にはふつう使えないので、「ビミョー」の訳語としては適切ではありません。

② フツウにおいしい

　いつ頃からか、「フツウに○○」という言い方をよく聞くようになりました。僕が来日したのは2000年ですが、当時はまだそんな言い方をする人は多くなかった気がします。このような言い方に対して、「何がフツウだ！」と批判する人もいるようですが、僕はなかなか便利な表現だと思うし、フツウに好きです。この会話の「フツウにおいしいよ」は、Aさんが料理の味をビミョーだと言うのに対して、「あなたはビミョーだって言うけど、普通の範囲内だし、むしろおいしいと思う」というBさんの心情をうまくコンパクトに表現していると思いませんか？

　さて、この「フツウに」の訳し方ですが、中国語の **"普通"** や **"一般"** はプラス評価ではなく、文字通り「良くも悪くもなく並である」という程度で、残念ながら「フツウに」のような便利な使い方はありません。ですから、ここは単純にこう訳せばいいでしょう。

　　◎　**我觉得挺好吃的呀。**　　私はなかなかおいしいと思うよ。

　文末の語気助詞 **"呀"** をやや強く発音することで、Aさんのセリフに軽く反論する語気を出すことができます。

　これだけでは物足りないと感じるなら、次のように、まず自分の意見を出してみるのもいいですね。

　　◎　**我觉得还行／还可以，挺好吃的呀。**
　　　私はまあまあだと思うけど。おいしいじゃん。

③ スパイスかなんか入ってるのかな

　「スパイスかなんか」は「スパイス類、香辛料の類」という意味なので、**"香料什么的"** や **"香料之类的"** と訳せばよいでしょう。日本語には「入ってる」という動詞がありますが、わざわざ訳さなくても十分通じます。もし動詞まで訳すなら **"放"** や **"加"** を使いましょう。

- ◎ 这是不是香料之类的味道?
- ◎ 这是不是放了香料之类的味道?
- ◎ 可能是放了香料什么的味道吧。

　また、表現の方法は少し違いますが、**"香料什么的味道（スパイスか何かの味）"** を **"什么香料的味道（何らかのスパイスの味）"** に変えても、全体的に意味はさほど変わりません。
　ほかに、投稿ではこんな秀逸な訳文もありました。

- ◎ 闻起来好像有什么香料的气味。
  （においを嗅ぐと）何らかのスパイスの香りがするみたい。

　この **"起来"** は「〜してみると」という、方向補語の派生義の用法ですね。

④ 私は好きな感じ

　"我喜欢" **"我喜欢这个味道"** **"合我的口味"** など、いろいろな訳し方がありそうですが、ここではちょっと上級者向けの表現を紹介しましょう。

- ◎ 我倒是挺喜欢（这个味道）的。
  （あなたは好きじゃないみたいだけど）私はけっこう（この味）好きだな。

　"倒是" は、「ほかの何かと比べて一方は…」という比較・対照の語気を強めるためによく使われます。ほかの例も見てみましょう。

很多人都说这个电影不好看，可我倒是觉得挺有意思的。

みんなこの映画はおもしろくないと言うけど、私はけっこうおもしろいと思う。

暑假有时间的话，咱们一起去欧洲旅游怎么样？

—— 时间倒是有，就是没钱啊。

夏休みに時間があったら、一緒にヨーロッパ旅行行かない？

—— 時間はあるけど、お金がないよ。

翻訳例

A：这个菜味道有点儿怪怪的，你不觉得吗？

　　Zhège cài wèidao yǒudiǎnr guàiguài de, nǐ bù juéde ma？

B：是吗？我觉得挺好吃的呀。

　　Shì ma？Wǒ juéde tǐng hǎochī de ya.

A：可能是放了什么香料的味道吧。

　　Kěnéng shì fàngle shénme xiāngliào de wèidao ba.

B：嗯，可能是吧。我倒是挺喜欢的。

　　Ňg, kěnéng shì ba. Wǒ dàoshì tǐng xǐhuan de.

A：こちらのお部屋はいかがですか。駅から歩いて5、6分ですよ。

B：うーん、1階はちょっと。防犯とか、心配なんで。

A：でしたら、こちらがおすすめですね。3階ですし、築2年だからきれいですよ。

B：部屋も広くてよさそうですね。でも、この家賃はきついかなあ……

① 駅から歩いて5、6分

投稿では次のように訳した人が多かったです。

　　△　离车站步行只要五、六分钟。

会話では十分通じますし、それほど違和感がないのですが、厳密に言えば、前置詞 "离" は基本的に「時間や空間の隔たり」を表すので、「どのくらい時間がかかる」という動作を導くことはふつうできません。

　　　　　　　离车站只有五百米。　　　　〔空間の隔たり〕
　　　　　　　离奥运会开幕还有一个月。　〔時間の隔たり〕

ですから、「駅から5、6分ですよ」を "离" を使って表現するなら、"**离车站只有五、六分钟的距离。**" という言い方が自然です。ただ、ここでは「歩いて」という動作が入っているので、あえて "离" を使わない訳し方がよいかと思います。

　　◎　步行（／走着）到车站只要五、六分钟。

　　◎　从车站走到这里只要五、六分钟。

また、「○○から遠い／近い」のような「隔たり」の話題なら "离" が使えますので、こんな訳もうまいですね。

　　◎　离车站很近，走路只要五、六分钟。

　　◎　离车站很近，走五、六分钟就到了。

② 防犯とか、心配なんで

「防犯」を日中辞典で調べれば、**"防止犯罪" "防盗** fángdào**"** などの訳が出てきます。しかし、この会話で **"防止犯罪"** はちょっと大げさですし、**"防盗"** では「盗難」に限定されるので、どちらも今一つですね。ここで言う「防犯」は、要は安全面のことなので、次のような訳がよいかと思います。

　◎　**安全方面我有些担心**

また、こんな訳も、よりネイティヴらしいですね。

　◎　**我怕不安全**

　辞書の訳語はすべての場面に当てはまる万能なものではありません。辞書で調べた語をそのまま使うのではなく、「この場面はこの訳語で大丈夫か」を常に意識して、例文をきちんと確認しなければなりませんし、場合によって、その訳語を中日辞典でもう一度調べて裏付ける工夫も必要です。

③ 築2年だからきれい

　「築2年」、コンパクトなこの日本語は中国語で何と言えばいいのでしょう？先に答えを言ってしまいますが、**"盖** gài **了才两年" "是两年前建的"**、または動詞を使わないで、**"才两年"** や **"两年的房"** などと訳すのが自然です。

　このとき、**"了"** の位置には要注意です。**"盖两年了"** や **"建了两年了"** のように文末に置いてしまうと、**"盖／建"** という行為が続いて2年間になったという意味になってしまいます。

　また、「きれい」の訳は **"漂亮" "美丽" "好看" "干净"** など、いろいろありますが、ここでは何を使えばいいでしょう？　それぞれの違いを簡単に復習しましょう。

漂亮	「美しい」「器量がよい」などと、人の容姿や物について使うことが多い。
美丽	少し改まったニュアンスの言葉で、人の容姿や景色に使う。
好看	より使用範囲が広い言葉。事物の見た目がよいだけでなく、"这部电影很好看" など、「おもしろい、見る価値がある」という意味でも使われる。
干净	「(衛生面で)清潔である」「整理整頓されている」ことを表す。

　ここでの「きれい」の訳としては、どれもちょっと違いますね。こういうときは、考え方をちょっと変えてみましょう。「築2年だからきれい」は「まだ新しいからきれい」という意味ですから、こんなふうに訳せば言いたいことが十分伝わります。

　　◎　是两年前盖的，还很新。

④ 部屋も広くてよさそう

　この「部屋」と、Aさんの最初のセリフ「こちらのお部屋はいかがですか」の「部屋」は同じだと考えていいでしょうか？　最初の「お部屋」は物件として紹介された部屋ですから、"房子" と訳しましょう。一方、「部屋も広くてよさそうですね」の「部屋」は、この "房子" の中のroomのことを言っているわけなので、"房间" や "屋子" と訳したほうがいいでしょう (p.102参照)。

　では次に、「(部屋が)広い」は何と言ったらいいでしょうか。投稿には "宽" "广" "宽广" "宽阔 kuānkuò" などの形容詞が使われていましたが、これらはどれも最適な訳ではありません。

宽	"长" に対して、「幅が広い」という意味。
广	"兴趣广(趣味が広い)" のように、抽象的な意味で使われる。
宽广	"心胸宽广(心が広い)" のように、抽象的な意味で使われる。
宽阔	広場や草原など、ある程度広い面積について言うときに使う。

　「部屋が広い」に最もふさわしいのは "宽敞 kuānchang" です。または、もっ

と簡単に、"**房间很大**"と言ってもかまいません。

　このように、1つの言葉にたくさんの訳語がある場合も、安易に日中辞典の上位に出てくる訳語を選ぶのではなく、中日辞典で再度確認するのが大事です。ちょっと手間がかかりますが、その手間が勉強になるはずです。

Ａ：这个房子怎么样？走着到车站只要五、六分钟。
　　Zhège fángzi zěnmeyàng ? Zǒuzhe dào chēzhàn zhǐ yào wǔ、liù fēnzhōng.

Ｂ：嗯……，一楼啊。我怕不太安全。
　　Ǹg......, yī lóu a. Wǒ pà bú tài ānquán.

Ａ：那您再看看这个。三楼，而且是两年的房，很新的。
　　Nà nín zài kànkan zhège. Sān lóu, érqiě shì liǎng nián de fáng, hěn xīn de.

Ｂ：房间挺宽敞的，看起来不错啊。不过，房租可不便宜啊……。
　　Fángjiān tǐng kuānchang de, kànqilai búcuò a. Búguò, fángzū kě bù piányi a.......

第6章

TPOに合わせて表現する

　街中でよく見かける注意書き、耳にするアナウンス、そしてキャッチコピーや標語まで、さまざまな日本語を訳してみましょう。話し言葉とは違い、書面語ならではの表現や簡潔な言い方が求められます。短いフレーズで過不足なく意味が伝わるように、自分なりに工夫してみてください。

1 ほかのお客様のご迷惑になりますので、立ち読みはご遠慮ください。

→解説 p.148

2 店内商品以外のお持ち込みによる飲食はご遠慮ください。

→解説 p.150

3 当店では、お手洗いのみのご利用はご遠慮いただいております。予めご了承ください。

→解説 p.152

4 備え付けのトイレットペーパー以外のものを流すと水詰まりの原因になります。皆様のご協力に感謝いたします。

→解説 p.154

5 この写真はイメージであり、実際の商品とは異なる場合があります。

→解説 p.156

6 当店では、こだわりの焼酎を種類豊富に取り揃えております。飲み方はロック・湯割り・水割りからお選びください。

→解説 p.158

7 ペットボトルは、キャップを取ってラベルをはがし、水で軽くすすいでから潰して捨ててください。キャップ・ラベルは可燃ゴミです。

8 〔駅のアナウンス〕
危ないので、白線の内側に下がってお待ちください。

→解説p.163

9 〔カフェの大きめカップの宣伝コピー〕
たっぷりサイズで、ゆったりくつろぐ

→解説p.164

10 〔外食チェーンの宣伝コピー〕
「おいしい」をもっと。「新しい」をずっと。

→解説p.166

11 〔飲酒運転禁止の標語〕
飲んだら乗るな　乗るなら飲むな

→解説p.168

12 〔飲酒運転禁止の標語〕
飲酒運転、しない、させない、許さない

→解説p.170

解説 1 ほかのお客様のご迷惑になりますので、立ち読みはご遠慮ください。

① ほかのお客様のご迷惑になります

この「迷惑になる」は日本式の表現でなかなか訳しにくいですね。"添麻烦"と訳すこともありますが、これは「手数をかける、面倒をかける」という意味で、ここではちょっと使いにくいです。そこで、"影响"という言葉を使ってみましょう。

◎ **影响其他顾客** ほかのお客様のご迷惑になる

この前に**"为了避免** bìmiǎn"をプラスして、「ほかのお客様のご迷惑にならないように」とすれば、後を続けやすいでしょう。

② 立ち読みはご遠慮ください

「立ち読み」は次のように訳した人が多かったです。

△ **站着阅读**

これでは、**"站着"**という動作が必要以上に目立ってしまい、「**"站着"**がダメなら**"坐着"**はOKか？」という誤解が生じる可能性があります。ここでは、どういう状態で読むかが問題なのではなく、「購入せずに長時間読む」ことについて言いたいのですから、次の訳が無難だと思います。

◎ **长时间在此阅读**

「ご遠慮ください」は丁寧な禁止表現ですが、中国語にはぴったりな訳がないので、「～しないでください」と言い換えればいいでしょう。「～しないでください」は**"请不要～"**や**"请别～"**とも言いますが、注意書きなどの書面語では**"请勿** qǐng wù～"を使います。

以上は、同じ内容を中国語で言うとこうなります、という紹介でした。では、中国の書店やコンビニでは実際どうかと言えば、そもそもこのような注意書きはありません（少なくとも僕は見たことがありません）。

　みなさんは中国の書店に行ったことがありますか？　僕がよく行く北京で最大規模の書店 "王府井书店" では、立ち読みどころか、「座り込み読み」している人もよく目にします。日本では迷惑行為と見なされる立ち読みは、北京では、とくに問題視されていないようです。書店側も、これまた親切に椅子やベンチを用意して、半分図書館のような場所となっています。ですから、もし同じ内容の注意書きを貼ったら、「え？　なんで？」という反応をする人も少なくないでしょう。

　1つの言語は、その母語話者の文化の表れだと言えると思います。「ご迷惑になりますので、ご遠慮ください」という日本語は、「他人に迷惑をかけてはいけない」という日本人の美徳を表しているのでしょう。しかし、日本では美徳とされることでも、ほかの国では「度量が狭い、けちくさい」と見られてしまうかもしれません。逆に、中国では「度量が広い、おおらかだ」と評される性格の持ち主は、日本では「無神経で図々しい」奴だと見られてしまうかもしれません。異文化圏の人と摩擦を起こさないで上手に付き合っていくためには、「郷に入れば郷に従え」の考えが不可欠です。

翻訳例

为了避免影响其他顾客，请勿长时间在此阅读。
Wèile bìmiǎn yǐngxiǎng qítā gùkè, qǐng wù cháng shíjiān zài cǐ yuèdú.

解説 2 店内商品以外のお持ち込みによる飲食はご遠慮ください。

「お客様は神様」という日本では、客に対して禁止表現を使うのはなかなか難しいことです。だから「〜はご遠慮ください」や「〜はお控えいただけますようお願い申し上げます」など、なるべく字数を多くして遠回しに表現します。「遠慮する」も「控える」も、文字通りの意味ならば、「絶対するなとは言わないけれど、状況などにも配慮してね」とか、「するとしても控えめにね」といったように、完全な禁止を表しているわけではありません。よく考えてみればおもしろい表現ですね。

一方、中国語は禁止をストレートに表現する傾向があり、"请不要〜""请勿〜"のように、文頭に"请"を付ければ失礼にはなりません。ほかに、丁寧に断る表現として"谢绝 xièjué〜"もよく使います。

　　　　谢绝参观　　　見学お断り
　　　　谢绝采访　　　取材お断り

同様に、この課題文の場合は"请勿〜"を使って訳すといいでしょう。

　◎　**请勿饮食非本店商品**

ほかに、次のような言い方もよく見かけます。

　◎　**请勿自带食品或饮料**
　◎　**谢绝外带食品或饮料**

レストランの場合、さすがに料理を持ち込むことはないでしょうが、その代わりに時々このような注意書きを目にします。

　　　谢绝自带酒水

150

"酒水"とは主にアルコール飲料のことです。わりと持ち込みに寛容な店では、以下のように書いたりします。

自带酒水收取○○元开瓶费。

飲み物をお持ち込みの場合、○○元のサービス料を頂戴いたします。

"开瓶费"は直訳だと「ボトルを開ける費用」、ここでは要するにサービス料のことですね。

翻訳例

请勿自带食品或饮料。	Qǐng wù zì dài shípǐn huò yǐnliào.
请勿饮食非本店商品。	Qǐng wù yǐnshí fēi běndiàn shāngpǐn.
谢绝自带食品或酒水。	Xièjué zì dài shípǐn huò jiǔshuǐ.
谢绝外带食品。	Xièjué wài dài shípǐn.

解説
3
当店では、お手洗いのみのご利用はご遠慮いただいております。
予めご了承ください。

① ご遠慮いただいております

　解説2でも見たように、日本では特にサービス業において、お客様に対する注意をなるべく婉曲に表現する傾向があります。一方、中国語ではストレートに禁止事項を伝えることが多いです。「ご遠慮いただいております」は、はっきり言えば「お断りしております」という意味なので、**"谢绝～"**（～をお断りします）を使うといいでしょう。

② お手洗いのみのご利用

　これを訳すのはあまり難しくないですね。**"只使用洗手间"** にすれば問題なさそうです。**"谢绝只使用洗手间"** だけでも、ほとんどの人は「（当店で買い物せずに）お手洗いだけ利用することをお断りします」という、隠された意味を読みとれるはずです。が、やはり注意書きとしては曖昧だし、途中で途切れたような、落ち着きのない文に感じられます。かと言って、いくらストレートに言う中国語でも、さすがに次の訳では露骨すぎます。

　　△　谢绝只使用洗手间而不在本店购物。

ですから、ここはちょっと工夫しましょう。「買い物しない方のお手洗いのご利用はお断りします」という文から、少し発想を変えて以下のような言い方にすれば、「赤裸々な金銭関係」が少し薄らぎそうですね。

　◎　**本店洗手间谢绝顾客以外的客人使用。**
　　当店のお手洗いは、当店顧客以外の方のご利用はお断りいたします。

　◎　**本店洗手间仅限本店顾客使用。**
　　当店のお手洗いは、当店顧客のみの使用に限ります。

"顾客" と "客人" はどちらも「店のお客様」の意味として捉えられ、矛盾するように感じるかもしれませんが、1つの文中にちょっと違う表現が同時に存在していることから、文脈で「買い物をするお客様」と「ただ訪れてきたお客様（＝お手洗いだけ利用する方）」の違いは読みとることができます。

③ 予めご了承ください

　「了承する」は "谅解 liàngjiě" と訳すのが一番ぴったりです。「予め」は "事先"、"预先" などと訳せますが、ここではふさわしくありません。下の2つのように言えば十分意味が伝わります。

- ✕　请事先谅解
- ◎　敬请谅解
- ◎　请您谅解

　"事先"、"预先" は「事前に、前もって」という意味合いで、"事先做好准备"（前もって準備をする）、"预先通知"（事前に知らせる）のように使うことが多く、"请事先谅解" のような言い方は中国語として不自然です。このように、同じような意味の言葉でも、場合によって使えないこともあるので注意が必要ですね。

翻訳例

本店洗手间谢绝顾客以外的客人使用。敬请谅解。
Běndiàn xǐshǒujiān xièjué gùkè yǐwài de kèren shǐyòng. Jìng qǐng liàngjiě.

解説 4 備え付けのトイレットペーパー以外のものを流すと水詰まりの原因になります。皆様のご協力に感謝いたします。

① 備え付けのトイレットペーパー以外のもの

　中国語に訳す前に、まずこの日本語の意味を考えないといけません。「備え付けのトイレットペーパー以外のもの」とはどんなものでしょうか。僕は最初、このトイレ専用のトイレットペーパー以外の紙のことかと思ったのですが、そうとも限らないようです。だって、もし「マイ・トイレットペーパー」を使用したとしても、おそらく水詰まりの原因にはなりませんよね。水に溶けるティッシュペーパーだって問題ないはずです。ですから、「備え付けのトイレットペーパー以外のもの」とは、そういった水洗トイレ用の紙ではないもの、また水詰まりの原因となるゴミ類を指しているのでしょう。

　ここでは次のように訳してみました。"厕纸" は "手纸" "卫生纸" としてもOKです。

　　◎　备用厕纸以外的东西

② 水詰まりの原因になります

直訳するとこうなりますが、中国語ではあまりこのような表現をしません。

　　△　会成为堵塞的原因

もちろん、行間を読めば「詰まっちゃうかもしれないから、ゴミを捨てるな」と言いたいのだとわかりますが、「だったらストレートに言ってよ」と思うのは僕だけではないはずです。そこで、言い方を「中国流」に変えてみましょう。

　　◎　**为了防止堵塞，请不要把备用厕纸以外的东西扔进马桶内。**
　　　　水詰まりを防ぐため、備え付けのトイレットペーパー以外のものを便器に捨てないでください。

◎ **请不要把备用厕纸以外的东西扔进马桶内，否则会引起管道堵塞。**

備え付けのトイレットペーパー以外のものを便器に捨てないでください。（でないと）パイプが詰まってしまいます。

③ 皆様のご協力に感謝いたします

　日本語では、ストレートに「〜をしないでください」というのをなるべく避けて、「〜だから…しましょう」のように理屈を述べてから協力を呼びかける、という表現方法を好むようです。課題文も典型的な日本式の禁止表現と言え、表面上、禁止を表す語句は一切使われていません。

　しかし、これを中国語にそのまま訳すと、まるで空に向かって独り言を言っているような感じがしてしまいます。「ご協力に感謝いたします」に当たる言葉としては、"谢谢合作" や "感谢您的配合" など定番の表現がありますが、これだけでは不十分で、「〜しないでください」という禁止の意はきちんと表現したほうがいいでしょう。はっきり禁止したところで効果がないこともよくあるのは悲しいところですが……。

翻訳例

为了防止堵塞，请不要把备用厕纸以外的东西扔进马桶内。谢谢合作。
Wèile fángzhǐ dǔsè, qǐng búyào bǎ bèiyòng cèzhǐ yǐwài de dōngxi rēngjin mǎtǒng nèi. Xièxie hézuò.

原文をそのまま訳すと次のようになりますが、これでは硬くて不自然な中国語になってしまいます。

　　△　这张图片是效果图，存在与实际商品不同的情况。

同じ意味を中国語で言う場合、以下のような決まり文句があります。

　　◎　**商品图片仅供参考，请以实物为准。**
　　　　商品の画像は参考用で、実際の商品に準じます。

　または、"**商品图片仅供参考。**" だけでも「実際の商品に準じます」の意味が含まれるので、後半の文がないほうがすっきりしますね。

　これまでも見てきたように、日本語の注意書きはなるべく相手を納得させるよう丁寧に書く傾向があるのに対して、中国語はストレートで簡潔に表現することが多いと思います（時に、日本語の注意書きをくどく感じたり、逆に中国語の注意書きを乱暴に感じたりすることもありますが）。
　そういえば日本のコンビニなどでは、「トイレをキレイにお使いいただきありがとうございます」という貼紙もよく見かけます。あれに「わかってるからプレッシャーをかけないでよ」と、ちょっとイラっとするのは僕だけでしょうか……。中国語ならば **请保持清洁** qīngjié（清潔さを保持せよ）と、じつに簡潔に表現するところです。

　なお、投稿では「写真」の訳にいろいろな語が使われていました。基本的な単語ですが、使い分けが意外に複雑ですね。ここでちょっと整理してみましょう。

图片	とくに説明に使うことが多く、図画・イラスト・写真など広く含む。

那本书里有很多图片，非常易懂。

あの本にはたくさんのイラストがあって、非常にわかりやすい。

照片	カメラなどで撮影した写真を指す。"相片" とも言う。

这张照片有点儿照虚了。

この写真はちょっとブレてる。

图像	テキストや音声に対しての画像や映像。動きがあるものにも使える。

显示器的图像不太清楚。

モニターの画像があまりくっきりしない。

ここでの「写真」は商品に対する説明なので、ふさわしいのは "图片" です。

翻訳例

商品图片仅供参考。　　Shāngpǐn túpiàn jǐn gōng cānkǎo.

当店では、こだわりの焼酎を種類豊富に取り揃えております。飲み方はロック・湯割り・水割りからお選びください。

① こだわりの

「こだわる」はとても便利な日本語ですね。これに意味が近い中国語としては "讲究 jiǎngjiu" があります。しかし、"讲究" と「こだわる」の意味・用法は完全に一致するわけではありません。この文では「こだわる」が「こだわり（の）」という形で「焼酎」を修飾しています。ところが、"讲究" は "讲究～（～を重んじる）" や "对～很讲究（～に凝っている）" のように決まった形で使うことが多いため、「こだわりの～」に対応する訳語としては使いにくいのです。

こういう場合は発想をちょっと変えてみましょう。「こだわりの焼酎」は「厳選した焼酎」と言い換えてもさほど意味が変わらないので、「こだわり（の）」の部分に "精选" を使うとぴったりです。

② 焼酎

"烧酒" と訳した人が多かったのですが、中国語の "烧酒" は "白酒" の別名であって、コーリャンやトウモロコシなどを原料とした、アルコール度数が非常に高い蒸留酒を指します。"烧酒" と「焼酎」は発音が似ていても、だいぶ違うのですね。

そこでいい方法をご紹介しましょう。中国にも日本にもあるもので、まったく同じではなく、区別が必要な場合は "日式○○" または "日本○○"（逆の場合は "中式○○" または "中国○○"）のようにすると、うまく行くことが多いです。ここでは "日本烧酒" と訳せばよいでしょう。ちなみに、日本酒はよく "日本清酒" と言われます。

③ 取り揃えております

　日中辞典を調べると、「取り揃える」の訳語として "**备齐**bèiqí" "**齐备**qíbèi" などが載っています。しかし "**备齐**" は「すべてを揃えた」という意味になるので、「厳選」と矛盾してしまいます。"**齐备**" は形容詞なので、やはりここでは使えません。同じの文の中に「種類豊富に」という文言もあるので、ここは "**备有**"（備わっている）だけにしてもよいと思います。

④ ロック・湯割り・水割り

　「ロック」は「氷を入れる」と考えて、"**加冰**" または "**加冰块（儿）**" と言います。「お湯割り」「水割り」はそれぞれ "**加热水**" "**加冰水**" となります。日本語で「水」と言うと冷たい水の意味になりますが、中国語の "**水**" は温度と関係ないので、冷たい水は "**凉水**" や "**冰水**" と言わなければなりませんね。

　なお、「湯割り」「水割り」のように、お酒にほかの液体を混ぜるという意味で、"**对**"（"**兑**duì" とも書く）という専用の動詞もあります。"**加热水**" "**加冰水**" でももちろんOKですが、"**对热水**" "**对冰水**" のように言うと、ちょっと通な感じがします。機会があったら、ぜひ使ってみてくださいね。

翻訳例

本店备有种类丰富的精选日本烧酒。您可*选择加冰，对热水或对冰水等喝法。

Běndiàn bèi yǒu zhǒnglèi fēngfù de jīngxuǎn Rìběn shāojiǔ. Nín kě xuǎnzé jiā bīng, duì rèshuǐ huò duì bīngshuǐ děng hēfǎ.

*　この "**可**" は "**可以**" の "**可**" で、「～してもよい」という許可ではなく、「～するとよい」というアドバイスの意味を表します。

解説 7 ペットボトルは、キャップを取ってラベルをはがし、水で軽くすすいでから潰して捨ててください。キャップ・ラベルは可燃ゴミです。

① キャップを取って

「キャップ」は "瓶盖" でも "盖子" でもOKです。「(キャップを) 取る」は "打开" や "拧开" が自然ですね。"拧 nǐng" は「ねじる、ひねる」という意味の動詞で、「ねじ・蛇口・ふたなどを取る、回す」というときに使います。"摘下" と訳した人もいましたが、"摘 zhāi" は「もぎ取る；はずす」という意味で、次のように使います。

摘草莓	イチゴをもぎ取る
摘花	花を折る
摘眼镜	メガネをはずす
摘帽子	帽子を取る

② ラベルをはがし

「ラベル」は "标签 biāoqiān" と訳した人が多かったですが、おそらく辞書にはそのように載っているのでしょう。たしかに "标签" には「ラベル」という意味もあるのですが、辞書の用例にも "价格标签（値札）" などと書かれている通り、小さな付箋のようなものを指して言うことが多いです。ペットボトルの包装の場合は、"标签" より、そのまま "包装" または "包装纸" にするとよいでしょう。プラスチック製のものでも "包装纸" と言ってかまいません。

「(ラベルを) はがす」も、投稿では "撕下" "剥下" "揭下" など、いろいろな訳語が出てきました。いずれも正しいですが、それぞれニュアンスの違いがあるので確認してみましょう。

撕 sī		（紙や布などを）引き裂く、ちぎる
	把纸撕破了	紙を引き裂いた

剥 bāo	（表皮などを）むく、はぐ	
	剥橘子皮	ミカンの皮をむく
揭 jiē	（表面に付いているものなどを）はがす、めくり取る	
	揭下面膜	フェイスパックをはがす

このようにニュアンスは多少違いますが、「ペットボトルのラベルをはがす」の場合は "**撕下／剥下／揭下包装 (紙)**" のどれでもOKです。"**下**" は「分離・排除」のイメージを表す結果補語 "**掉**" に言い換えることもできます。

これまでも見てきたように、日本語の「取る」「はがす」は1語で動作とその結果を表すことができるのに対して、中国語の "**拧**" や "**剥**" は単なる動作を表すだけで、結果まで言い表すことができません。結果まで言うためには、ふつう動詞の後ろに方向補語または結果補語を付けなければならないのです。これが、中国語に方向補語や結果補語などが多用される理由の1つです。

上に提示したような表現を使って、たとえば "**拧下瓶盖，揭掉包装纸**" のように訳してもOKですが、「何かに対してどのようにする」と言いたいときには "**把**" 構文が便利です。

○ **把瓶盖拧下，把包装纸揭掉**

ただ、書面語の場合、これではちょっとくどい感じがするので、"**把瓶盖和包装纸取掉**" とまとめて言ったほうがすっきりします。文の最初の「ペットボトルは」も足すと、次のようになります。

◎ **扔塑料瓶时，请把瓶盖和包装纸取掉**

日本語は「ペットボトルは」としか言っていませんが、そのまま訳すと後ろの部分と繋がらないので、"**扔塑料瓶时**（ペットボトルを捨てる際）" のようにしてみました。

---

③ 水で軽くすすいでから潰して捨ててください

「水で軽くすすぐ」に最も近い表現として、"**涮洗 shuànxǐ**" や "**冲洗 chōngxǐ**"

があります。「潰す」を"压碎 yāsuì"と訳した人が多かったですが、"碎"は粉々になる感じなので、ここでは"压扁 yābiǎn"と表現しましょう。"扁"は「ぺちゃんこ」という意味です。

◎ 用水涮洗并压扁后再扔

"并"は「そして、その上」という意味の接続詞です。

④ 可燃ゴミ

「可燃ゴミ」は中国語でそのまま"可燃垃圾"と言うことができます。あわせてほかのゴミの言い方も見てみましょう。

不燃ゴミ	非可燃垃圾
有害ゴミ	有害垃圾
粗大ゴミ	大件垃圾
資源ゴミ	资源垃圾
リサイクルゴミ	可回收垃圾

翻訳例

扔塑料瓶时，请把瓶盖和包装纸取掉，用水涮洗并压扁后再扔。瓶盖与包装纸为可燃垃圾。

Rēng sùliàopíng shí, qǐng bǎ pínggài hé bāozhuāngzhǐ qǔdiào, yòng shuǐ shuànxǐ bìng yābiǎn hòu zài rēng. Pínggài yǔ bāozhuāngzhǐ wéi kěrán lājī.

〔駅のアナウンス〕
危ないので、白線の内側に下がってお待ちください。

「危ないので」を直訳すると"**因为危险**"になりますが、実際はこのようには言いません。おなじみの"**因为…，所以～**"の構文は、これまでも見てきた通り因果関係を強調するニュアンスが強いので、日本語の「～だから」「～なので」のように頻繁に使うものではないのです。

だからと言って、"**因为**"を使わないで"**危险**"だけにしてしまうと、今度は短すぎてバランスが悪くなります。そこで発想を逆にして、次のようにするとバランスがとれた自然な表現になるでしょう。

◎ **为了您的安全**　安全のために

このアナウンスでもう1つ興味深いのは、白線の「内側」という表現です。日本語と違って、中国語では"**白线外**"と言うのが一般的です。同じ事象なのに、なぜ正反対の表現になるのでしょうか。

答えは「視点の違い」にあります。つまり、誰にとっての内・外なのか、ということです。日本語のアナウンスはホーム側に視点を置き、白線より手前を安全な場所として、乗客に対し「内側」にいるように呼びかけています。一方、中国語のアナウンスは線路側に視点を置くため、白線の内側というと、電車に近い危険な場所になります。だから、乗客に対してその「外側」であるホーム寄りの場所にいるように呼びかけるのです。

これも一種の文化の差異と言えるのでしょうか。同じことなのに、まったく反対の表現をするのは、じつに不思議ですよね。

翻訳例

为了您的安全，请在白线外等候。
Wèile nín de ānquán, qǐng zài báixiàn wài děnghòu.

〔カフェの大きめカップの宣伝コピー〕
たっぷりサイズで、ゆったりくつろぐ

　キャッチコピー翻訳、初挑戦です！　投稿された訳文はそれぞれ個性があって、「たっぷりサイズ」と「ゆったりした空間」を上手に表現できていました。

- ○　座位舒适，分量更足。
- ○　为您提供分量更足的饮料和宽敞舒适的空间。
- ○　请尽情享用大杯饮料和宽敞舒适的空间。
- ○　座位宽敞舒适，饮料分量更足。请您尽情放松休闲。

そして今回の「最優秀賞」は、こちらです！（賞品がなくてすみません！）

- ◎　满满的大杯　舒适的享受

　いかがでしょうか？　中国のテレビCMに出てきそうな感じがしますね。CMなどのナレーションの仕事もしている僕は、思わず声を出して読み上げてしまいました。

　キャッチコピーは宣伝の重要なコンテンツです。たった一言で人に強いインパクトを与え、商品を覚えてもらう。そのためには、単に商品やサービスの説明だけでなく、美しく、かっこよく決めなければなりません。コピーライターはデザイナーであり、詩人でなければならないのです。聞いた話ですが、コピーライターの仕事は、たったの一言でギャラが10万円に上ることもあるとか。
　キャッチコピーの翻訳となると、その難易度はいっそう高くなります。そのまま訳すのではなく、異なる文化の壁を越え、音韻にまでこだわる必要があるからです。「最優秀賞」の訳はきちんと宣伝ポイントを伝えられている上に、洗練された文言、そして音の響きの美しさを備えており、そのままキャッチコピー

としても通用すると思います。架空の宣伝なのでギャラはお支払いできませんが……（笑）

　今回は僕も長い時間をかけて、さんざん悩んだ上に、自分なりの訳を考えました。

　　◎　**分量满满，爱也满满。座位宽宽，心也宽宽。**

　直訳すると「量も愛もたっぷり、席も心もゆったり」のようになり、かなりアレンジしています。洗練という点では「最優秀賞」の訳に劣りますが、一味違うものとして、こういうのもアリかなと思いました。

　僕は、翻訳は料理に似ていると思っています。本場の麻婆豆腐の味を追及するのもいいですが、多くの日本人にとって食べやすい味にアレンジするのもアリですよね。また、同じ食材でも、調味料や調理法によって違う料理ができます。翻訳もまさに同じで工夫次第、それこそが醍醐味だと言えるでしょう。

翻訳例

> **分量满满，爱也满满。**
> **座位宽宽，心也宽宽。**
> Fènliang mǎnmǎn, ài yě mǎnmǎn.
> Zuòwèi kuānkuān, xīn yě kuānkuān.

これも短くて簡単そうだけれど、なかなか訳しにくいです。同じ意味を表すのに、長くしようと思えばいくらでも長くできますが、短くするのは難しいですよね。キャッチコピーは、とくにコンパクトさが大事です。情報伝達のスピードが上がり続ける中、映像ですら人の記憶に留まることが難しくなり、長い文章となるとなおさらです。

ということで、今回はとくにコンパクトさを重視して、投稿の中から秀逸な訳文を選びました。

◎ 永远追求美味，不断寻求创新

◎ 更加美味，更加新颖

◎ 美味百倍，创新不退

いかがでしょうか。いずれも中国で見かけそうな、素敵なキャッチコピーですね。お見事です！

以上の訳文を見て、共通点があることに気がつきませんか？ そうです、前後の文が対句（語形や意味上、2つの文が対応する表現形式）になっています。日本語にも、「油断一秒、怪我一生」のような対句がたくさんありますよね。

このような表現形式は、中国語では "对仗 duìzhàng" と言います。"骈文 piánwén" や "骈俪文 piánlìwén" と呼ばれることもあります。日本語でも「駢儷体（べんれい）」と言うようで、漢文の授業などで聞いたことがある人もいるかもしれません。ちなみに、「駢儷（たい）」とは、馬を2頭立てで走らせるという意味で、対句構成の2つの文をたとえて言う表現です。

漢文や漢詩は、内容はもちろんのこと、字数や音韻、そしていかにうまく "对仗" させるかがとても大事です。これは現代中国語においてもあまり変わって

いません。キャッチコピーには、この要素が色濃く受け継がれていると言えます。

　ラテン文字などと違って、漢字は1つ1つが同じ大きさをもつ「キャラクター」です。意味だけでなく、字数や字面に気を配り、ビジュアル面にまでこだわって文を作ることこそ、中国語の美しさの根本だと思います。ぜひ"**対仗**"というテクニックをマスターして、中国語をもっと楽しみましょう。

　この課題の翻訳例として、僕も"**対仗**"を意識して以下の2パターンを作ってみました。よろしければ参考にしてください。

翻訳例

美味不减，创新不断。　Měiwèi bù jiǎn, chuàngxīn bú duàn.
味道更美，创意更新。　Wèidao gèng měi, chuàngyì gèng xīn.

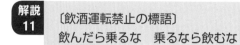

解説
11
〔飲酒運転禁止の標語〕
飲んだら乗るな　乗るなら飲むな

この課題はわりと簡単だったのか、投稿はみな正しくかつ上手に訳せていました。しかし、こんな単純な文でも訳し方はさまざまで、同じ訳文は1つもありませんでした。やはり、翻訳はおもしろいですね！

さて、この有名な標語はどのように訳せばいいでしょうか。直訳すると次のようになりますが、ちょっと長いので、ダイエットさせましょう。

△　如果喝酒就不要开车，如果开车就不要喝酒

まず、"如果"は省略できるので、"喝酒就不要开车，开车就不要喝酒"にするとちょっとスリムになりますね。また、"不要（～するな）"を"不（～しない）"にしても全体的な意味は変わらないので、"喝酒就不开车，开车就不喝酒"となって、2文字減量成功。

しかし、まだまだ減らせます。じつはこの文の場合、「～ならば」という条件・因果関係を表す副詞 "就" まで省くこともできるのです。前後を繋ぐ大事そうな "就" を取ってしまって大 "就" 夫？

……ダジャレかよ！という声が聞こえてきそうですが、はい、ダイジョウブです！

○　喝酒不开车，开车不喝酒

中国語はなかなか柔軟性がある言語で、とくに日常会話では、文脈・場面によって省略可能な言葉をどんどん省いてコンパクトに表現します。四字成語などは、究極のコンパクトな表現と言えるでしょう。たとえば、"不劳无获 bù láo wú huò（努力せねば収穫なし）"や日本語にもなっている "温故知新 wēn gù zhī xīn（故きを温ねて新しきを知る）" なども、接続の言葉は使われていません。コピーや標語も同様で、字数が少ないほうが洗練されていて強いインパクトを与えられるというわけです。

しかし、これでもまだちょっと引っかかるところがあります。それは音韻のことです。前半は "车"（第1声）、後半は "酒"（第3声）で終わっていますが、

最後が第3声だと、音声的にちょっと暗い印象で終わることになってしまいます。では、前後を入れ替えてみるとどうでしょう。

◎　开车不喝酒，喝酒不开车

　これだと、「低く抑えて（第3声）→高く伸ばす（第1声）」というイメージで高揚感が出てきて、標語のインパクトが強まります。

　意味はまったく同じなのに、そこまでする必要あるの？と思うかもしれませんが、日本語でも韻を踏んだり、語呂のよさを重視したりすることがありますよね。少しの工夫で与える印象が変わるのも、コピーや標語のおもしろさです。

翻訳例

开车不喝酒，喝酒不开车
Kāichē bù hē jiǔ, hē jiǔ bù kāichē

　解説11に続き、飲酒運転禁止をうったえる標語です。日本語はとてもシンプルですが、中国語に訳そうとすると、かなり難しいですね。投稿では、リズムを重視した訳や簡潔さにこだわった訳などがあり、工夫が伝わってきました。ただ残念ながら、ほとんどが直訳に近いものとなってしまい、意味は通じるものの、標語・スローガンとしての適切さには欠けるようです。

　まず、「飲酒運転」は "酒后驾车" "酒后开车" "酒驾" などの言い方がありますが、意味は同じなので、どれを使ってもかまいません。

　難しいのはその後の部分ですね。直訳すると、"酒后驾车，不做，不让做，不允许" のようになるでしょうか。しかし、これでは言葉の断片になってしまい、辛うじて意味がわかる程度で、自然な中国語ではありません。

　日本語では「飲酒運転をする」と言いますが、中国語は "酒后驾车" "酒驾" 自体が動詞として使われるので、"做酒驾" のような言い方はできません。そうかと言って、"做" を "酒驾" に変えてみると、"自己不酒驾，不让别人酒驾，不原谅酒驾" のように、かなりうっとうしくなります。無理やり原文と同じ形式に訳そうとしても難しいので、原文の伝えたいことは何かを考え、別の形で表現してみましょう。

　この標語が伝えたいのは「飲酒運転はダメ」ということに決まっていますよね。そう考えれば、"禁止酒驾" で100点満点が取れます。しかし、伝えるべきことを全部伝えていても、"禁止酒驾" ではあっさりしすぎて物足りない感じもします。もうちょっと原文の行間を読んでみましょう。「しない、させない、許さない」は、「自分がしないだけでなく、ほかの人にもさせない、したら許さない」、つまり「飲酒運転をなくすには、みんなの力が必要だ／みんなに責任がある」ということですね。このように考えれば、道筋が見えてきます。たとえば、次のような訳はいかがでしょうか。

◎ **严禁酒驾，律己律人**
  飲酒運転厳禁、己を律し人を律する

◎ **杜绝酒驾，人人有责**
  飲酒運転を断つには、それぞれの人に責任がある

◎ **要想无酒驾，全靠你我他**
  飲酒運転をなくしたいなら、（あなたも私も彼も）みんなの力にかかっている

　いかがでしょうか？　中国語に"**退一步，海阔天空**"（一歩退けば、海も空もより広く見える）ということわざがあります。翻訳についても、まさにそのとおり。原文と同じ形式で訳そうとして行き詰まったら、一旦原点に戻って違う道を探しましょう。道は1本だけではありませんから！　おっと、いつのまにか人生論のような感じになってしまいましたね。

翻訳例

严禁酒驾，律己律人　Yánjìn jiǔjià, lǜ jǐ lǜ rén
杜绝酒驾，人人有责　Dùjué jiǔjià, rén rén yǒu zé
要想无酒驾，全靠你我他　Yào xiǎng wú jiǔjià, quán kào nǐ wǒ tā

特別講義 1

次の日本語を中国語に訳してください。

A：この辺り、歩きタバコしてる人けっこう多くない？
B：そのままポイ捨てする人もいるみたい。
A：うわ〜最低！　吸い殻が落ちてたの？
B：時々、家の前に落ちてるんだ。本当に迷惑だよ。

解説

① 歩きタバコ

　まず「タバコを吸う」ですが、"**抽烟**" と "**吸烟**" のどちらでもOKで大差ありません。強いて言えば、"**抽烟**" のほうがより口語的な印象があります。
　「歩きタバコ」については、みなさんの訳文には "**走着路抽烟**" や "**抽着烟走路**" のような訳がありました。文法的には問題ないのですが、ここでは2つの動作が同時に進行することを表す "**(一) 边〜 (一) 边…**" のセットを使うほうが自然です。

　　○　**(一) 边走路 (一) 边抽烟**
　　△　**走着路抽烟**
　　△　**抽着烟走路**

　また、あえて "**一边〜一边…**" を使わずに、「歩きタバコ」と同じような慣用表現である "**走路抽烟**" だけでもコンパクトで自然な言い方になります。

　　◎　**走路抽烟**

　ちなみに「歩きスマホ」なら "**走路看手机**" になりますね。

　直訳すると "不多吗?" になりますが、そのまま "走路抽烟的人不多吗? "のように反語文の形にすると、「歩きタバコしてる人は多くないの？」と詰問するような語気になり、言い方によっては「歩きタバコしてる人は多いんじゃないんですか！」と、相手に反論しているようにも聞こえてしまいます。

　日本語の「多くない？」は逆に相手の共感を求め、相談するような軟らかい語気だと思いますので、そのまま反語文の形にせずに、「歩きタバコしてる人はけっこう多いよね」のような言い方に変えて訳すほうがよいでしょう。

　　△　走路抽烟的人不多吗?
　　◎　走路抽烟的人挺多啊。

③ そのままポイ捨てする人もいるみたい

　「ポイ捨てする」は、多くの方が "随地扔" "直接扔" などを使って上手に訳せていました。ここは「吸い殻のポイ捨て」なので "随地扔烟头" や "把烟头直接扔在地上" などのように言うとより分かりやすくなります。

　　◎　随地扔烟头
　　◎　把烟头直接扔在地上

以上の表現のほかに、こんな自然な言い方もありますので、あわせて覚えましょう。

　　◎　随手扔烟头

　「〜人もいるみたい」の部分ですが、簡単そうだけれど意外と訳しにくいですね。「も」をそのまま "也" と訳す方が多かったのですが、ここは「その上、さらに」という意味の "还" を使ったほうが自然です。「歩きタバコをするのもよくないのに、その上ポイ捨てまでして本当に最悪」というニュアンスが伝わります。

　また、「〜みたい」は「断定を避けたい」という日本語特有の表現だと思うの

で、中国語に訳すときは "好像" など使わず、訳出しないほうが自然でしょう。

④ 最低！

みなさんの投稿にはいろいろ秀逸な訳語がありました。いずれも自然でよく使われる表現なので、ニュアンスの違いなどを比較しながら整理しておきましょう。

真不像话！	話にならない、ひどい
太差劲了！	人柄や品質が劣っている
真可恶！	憎たらしい、腹が立つ
太糟糕了！	状況がひどい、めちゃくちゃだ
太离谱了！	常軌・常識をはずれている
太没素质了！	モラルが低い、マナーが悪い
太没人品了吧！	品がない、柄が悪い

⑤ 吸い殻が落ちてた

"掉" を使って訳した人が多かったのですが、"掉" は「（あるべき場所から）落ちる、落とす、紛失する」という意味なので、ここでは使えません。

　　×　烟头掉下来了

ゴミなどが「落ちている」と言いたいときは "有" を使いましょう。

　　◎　路上有烟头　　道に吸い殻が落ちている

⑥ 本当に迷惑だよ

「迷惑」は意外と中国語に訳しづらい言葉の一つです。状況によっていろいろ

な訳し方がありますが、ここでは"**真烦人**"や"**真讨厌**"などが適切ですね。

　ちなみに、僕はNHK国際放送でニュースの翻訳を担当しているのですが、先日原稿に「観光客の迷惑行為が後をたたない」という文があり、しばらく考えてから"**观光游客给当地居民带来困扰的行为屡屡不断**"のように訳しました。こんなふうに、前後の文脈に合わせて「迷惑」を言い換える必要があります。

翻訳例

A：这附近走路抽烟的人挺多啊。
　　Zhè fùjìn zǒulù chōuyān de rén tǐng duō a.

B：是啊，还有人随手扔烟头呢。
　　Shì a, hái yǒu rén suíshǒu rēng yāntóu ne.

A：真不像话！路上常有烟头吗?
　　Zhēn bú xiànghuà! Lùshang cháng yǒu yāntóu ma?

B：我家门口有时就有。真烦人！
　　Wǒ jiā ménkǒu yǒushí jiù yǒu. Zhēn fán rén!

特別講義 2

次の日本語を中国語に訳してください。

A：また食器が置きっぱなし！
B：だから、あとで洗うって言ってるじゃん。
A：汚れが落ちにくくなるから、すぐに洗ってよ！
B：じゃあ自分で洗いなよ、えらそうに。なんで私ばっかり……

解説

① 食器が置きっぱなし

「食器」は、投稿では "餐具" "碗筷" "碗碟" "盘子" など、意外とたくさんの訳語が出てきました。地域や家庭にもよりますが、個人的には "碗筷" をよく使います。

○	**餐具** cānjù	食器
◎	**碗筷** wǎnkuài	碗と箸、（広く）食器
○	**碗碟** wǎndié	碗と皿
○	**盘子** pánzi	大皿

投稿でもっとも多かったのは "餐具" ですが、これは少し改まった表現で、日常会話ではそれほど使いません。たとえばホームセンターなどの食器売り場で、商品のジャンルとして使う印象です。

「置きっぱなし」は "放置" などを使うと直訳調で不自然なので、柔軟に考えて意訳してみましょう。"放着不洗" や "放着不管" などはとても自然な言い方です。下の訳のように "把" 構文を活用するのもよいですね。

◎	碗筷又放着不洗
◎	又把用完的碗筷放在那儿不洗

② だから

　そのまま "所以" と訳した方も多かったのですが、この「だから」は理由や原因を述べるために使われているのではありません。「あ〜もう！」のようなイライラした気持ちを表すものなので、"所以" ではなく、"哎呀" などの感嘆詞を使うのがぴったりです。あえて訳さずに省いてもよいでしょう。

③ 言ってるじゃん

　まず、日本語は「言っている」であっても進行中の動作を表しているわけではないので、"在说" や "说着" などではなく、"说了" としなければなりません。日本語では「結婚している」でも、中国語では "结婚了" と言うのと似ています。
　さらに、「言ってるじゃん」は「言っているじゃないか」という反語表現なので、次のように訳すと自然でしょう。

　　◎　我不是说了吗? 一会儿就洗。

投稿では次のような自然な訳がありました。

　　◎　不都说了吗? 我过会儿就洗。
　　◎　我不是说过一会儿就洗吗?

反語表現は少し難しいかもしれませんが、使いこなせると楽しいですね。

④ 汚れが落ちにくくなるから、すぐに洗ってよ

「(汚れが) 落ちにくい」はどのように訳したらよいでしょうか。

　　◎　不好洗
　　◎　难洗
　　△　洗不干净　　きれいに洗えない
　　△　洗不掉　　　(汚れが) 取れない

下の2つは可能補語を使った自然な表現ですが、ちょっとニュアンスが違いますね。「汚れ」は "污渍wūzi" などと訳してもいいのですが、文脈でわかるので、わざわざ訳出しないほうが自然です。「汚れが落ちにくくなる」なら "不好洗了" "难洗了" となりますが、これで十分かというと、これもまた短すぎてわかりにくいです。「長時間置くと」を補って、次のように訳すとよいでしょう。

- ◎ 放的时间长了就不好洗了
- ◎ 放久了就不好洗了

後半の「すぐに洗ってよ」については、「今すぐ洗って」という命令、もしくは「使い終わった食器はすぐに洗うべきだ」という一般論、2通りの解釈ができると思います。前者であれば、"现在就洗" "赶紧洗吧" "快洗吧" などと訳すとよいでしょう。僕は全体の流れから後者だと理解して、"用完就该早点儿洗" のように訳しました。

⑤ 自分で洗いなよ、えらそうに

「えらそうに」は訳すのに苦労した人が多いのではないでしょうか。投稿では "了不起" "摆(臭)架子" "耍态度" などの訳語がありましたが、それぞれ単独では使いづらいので、次のようにする必要があります。

- ○ 有什么了不起的?
- ○ 别摆臭架子
- ○ 少跟我耍态度

ほかにもいろんな訳がありましたが、"傲慢 àomàn" だと少し硬いし、"嚣张 xiāozhāng" だと大げさで、ここではふさわしくありません。そこで僕の一推しの訳はこちら!

- ◎ 少跟我指手画脚的

"指手画脚" は「あれこれと人のあら捜しや批評をする；軽々しく指図したり、人の欠点を指摘したりする」という意味の成語で、ここで使うとぴったりかと

思います。

「自分で洗いなよ」は "那你自己洗啊" "那你去洗啊" のように訳せば十分ですが、僕はあえてこう訳してみました。

◎ 看不惯（的话）你去洗啊！
　気に食わないなら自分で洗ってよ！

"看不惯 kànbuguàn" は直訳では「見慣れない」という意味ですが、「見ていて気分が悪い；見兼ねる；気に食わない」という意味の慣用表現として使われます。

⑥ なんで私ばっかり……

そのまま訳すと "为什么（/怎么）总是我…" のようになりますが、これだと中途半端で言いたいことがよくわかりません。中国語にする場合は、「なんでいつも洗うのが私ばっかりなの？」のように言葉を補って訳しましょう。

「なんで」は "为什么" "怎么" でも問題ありませんが、ここでは "凭什么" という表現がぴったりです。"凭 píng" は「〜に基づいて、〜の根拠・権利で」という意味の前置詞で、"凭什么" で「なんの権利で」というニュアンスになり、不平不満や怒りの雰囲気を出す際によく使われます。

翻訳例

A：碗筷又放着不洗！　　Wǎnkuài yòu fàngzhe bù xǐ !

B：哎呀，我不是说了吗？一会儿就洗。
　Āiyā, wǒ bú shì shuō le ma ? Yíhuìr jiù xǐ.

A：放的时间长了就不好洗了，用完就该早点儿洗！
　Fàng de shíjiān cháng le jiù bù hǎo xǐ le, yòngwán jiù gāi zǎo diǎnr xǐ !

B：少跟我指手画脚的，看不惯你去洗啊！凭什么总是我洗？
　Shǎo gēn wǒ zhǐ shǒu huà jiǎo de, kànbuguàn nǐ qù xǐ a ! Píng shénme zǒngshì wǒ xǐ ?

補講 1

次の日本語を中国語に訳してください。
「○○」には好きな言葉を入れましょう。

① 私はカラオケで中国語の歌を歌いたいです。
② 子どもが歩けるようになりました。
③ 私は○○とデートをしたいです。
④ ○○に旅行に行きたいですが、今は行けません。

解説

① 私はカラオケで中国語の歌を歌いたいです

　　△　我想在卡拉OK唱汉语歌。

　基本中の基本のように思えますが、「中国語」はなんと訳したらいいでしょうか。"**汉语**"は語学・学術面で使われることが多く、やや硬い表現です。間違いではありませんが、ここではより意味が広く、話し言葉でよく使われる"**中文**"がよいでしょう。
　「カラオケで」は"**在**"を使って表してもよいですが、次のように連動文の形で表現するのが自然です。

　　◎　我想去卡拉OK唱中文歌。

　助動詞は"**要**"を使って強い意志を表してもよいですが、単に「～したいなあ」という気持ちを表すなら"**想**"を使いましょう。「カラオケ」は"**KTV**"としてもかまいません。

② 子どもが歩けるようになりました

　皆さんの投稿には、じつにいろいろな訳がありました。

△ 孩子会跑步了。

 → "跑步" は「走る、ジョギングする」の意味

△ 孩子变得能走了。

 →ケガなどで歩けなかった状態から歩けるようになったというニュアンス

△ 我孩子走起来了。

 →「歩きだした」というニュアンス

△ 我的孩子变得能够行走。

 →進化の結果歩けるようになったようなニュアンス（類人猿の話になってしまう）

　日本語の文から思い浮かぶのは、ハイハイしていた小さな子どもが自力で二足歩行できるようになった、という情景ですが、訳し方によってはだいぶ異なるストーリーになってしまいます。

　歩けなかった子どもが歩くという技能を習得したわけなので、助動詞は "会" を使いましょう。この場合の「歩く」は "走(路)" がぴったりです。さらに「歩けるようになった」という変化を表わすために、文末に "了" を置きます。

◎ 孩子会走了。

◎ 孩子会走路了。

③ 私は○○とデートをしたいです

○ 我想跟小李约会。

○ 我想和许凯约会。

○ 我想跟张韶涵约会。

○ 我想和肖战约会。

○ 我想跟我最爱的演员约会。

○ 我想跟很可爱的女生约会。

デートの相手はさまざまですが、皆さんよく訳せていました。

△ 我想和小学时的老师约个会。

"约个会" と言うと、「ちょっとデートする」のような気軽な感じになり、先

生に対してはちょっと失礼に感じられます。単に**"约会"**とするほうがいいですね。

　　△　**我愿意和杨洋约会。**

"愿意" はよく「喜んで～する」と訳されますが、「～する気がある」という意味にもなり、やはりちょっと上から目線に感じられます。「心から望んでいる」と言いたいなら、**"很"** をつけて **"很愿意"** と言いましょう。

　　？　**我想和你女的朋友约会。**

これは意図がわかりかねますが、「キミの友だちの女の子とデートをしたい」なら、このままでOKです。もし「キミのカノジョとデートをしたい」なら、**"的"** は不要です。良識には反しますが……

④ ○○に旅行に行きたいですが、今は行けません

「行けない」は **"不能去"**、**"去不了"** どちらの表現でもOKです。

- ○　**我想去伦敦旅游，不过现在不能去。**
- ○　**我想去中国旅游，但是现在去不了。**
- ○　**我很想去成都旅游，不过现在不能去。**

変わった回答も紹介しておきましょう。今はダメでも、将来いつか行けるといいですね。

- ○　**我想穿越去古代中国旅游，但现在去不了。**
  古代の中国にタイムスリップしたいけれど、今は行けない。

補講 2

次の日本語を中国語に訳してください。

① 上野動物園には4頭のパンダがいます。
② 東京ディズニーランドは東京にありません。
③ あなたはずっと私の心の中にいます。
④ 私の辞書に「諦める」という言葉はありません。

解説

① 上野動物園には4頭のパンダがいます

　　○　上野动物园有四只熊猫。

　動物を数える量詞は "只" でよいですが、ここでは "头" も使えます。「パンダ」はもちろん "大熊猫"（ジャイアントパンダ）でもOKです。

② 東京ディズニーランドは東京にありません

　　△　东京没有东京迪士尼乐园。

　これだと「東京には東京ディズニーランドはない」という意味になり、原文とは少しニュアンスが異なります。原文どおりに訳すなら、やはり "在" を使わなければなりません。

　　○　东京迪士尼乐园不在东京。

中国語訳としてはこれで合格ですが、さらに次のような訳し方もできます。

　　○　东京迪士尼乐园并不在东京。
　　○　东京迪士尼乐园其实不在东京。

"并" は否定の言葉の前に置いて「けっして～ない」、"其实" は「じつは」と

いう意味を表します。どちらも、予想と異なる内容を述べるときに使われる副詞です。「東京ディズニーランド」なんだから東京にあるはずだ、という前提のもとで、それに反する内容を述べています。

③ あなたはずっと私の心の中にいます

- ○ 你一直在我的心里。
- ○ 你一直都在我的心里。
- ○ 你一直在我心中。
- ○ 你一直都在我心中。

"心" を場所化するために、後ろに "里" をつける必要があります。"心中" でも同じ意味でOKですが、やや文語的な表現です。

「ずっと」という意味の "一直" は副詞 "都" と相性がよく、しばしば一緒に使われます。また、「ずっと」をより長いイメージで捉えて、"永远" を使うこともできます。

- ○ 你永远在我的心里。
- ○ 你永远都在我的心里。
- ○ 你将永远在我心里。

この原文に関しては、あえて "有" を使って次のように訳してもいいでしょう。

- ○ 我的心里一直有你。

④ 私の辞書に「諦める」という言葉はありません

- ○ 我的词典里没有 "放弃" 这个词。

これは「～という言葉」がポイントですね。単に "没有 "放弃"" とするのではなく、「～という言葉」を表すために後ろに "这个词" を付けます。少し文語的ですが、"一词" を使ってもかまいません。

○ 我的词典里没有“放弃”一词。

"○○这个 (/那个) △△"（○○という△△）のような表現はよく使われますから、この機会にマスターしましょう。

新宿这个地方　　新宿という場所
他那个人呀，…　　あいつっていう奴はね……

"**这个**" と "**那个**" のどちらを使うかは、話しているものや人が近くにいるかによって決まります。たとえば新宿について話しているとき、話者が新宿にいる場合は "**这个**" を、そうでない場合は "**那个**" を使うことになります。

「諦めるという言葉がない」というのは、つまり「けっして諦めない」という意味ですから、次のように意訳することもできます。

○ **我决不死心。／我决不放弃。**
私はけっして諦めない。

○ **我的词典里没有 "放弃" 这个词。我到最后也决不死心。**
私の辞書に「諦める」という言葉はない。私は最後までけっして諦めない。

※ 補講１～2は2022年4月・5月にZoomウェビナーで行われた「李先生の中国語ライブ授業　特別講義」より、作文添削の内容を再構成して掲載しました。

特別感謝

全50回の連載中に投稿してくださった皆様へ、心より感謝を申し上げます。
（敬称は省かせていただきました。）

jolin	一二功夫	chacha
S	イナゴ	森田剛史
燕静	中西真	西公民館火曜夜クラス
渡辺幸彦	茶々猫	DJ
theophilus	ねこ	まるにゃん
yuway	KW	あずりんこ
有一天	haitun	ice field
げら	小林久子	豊田あずみ
なかやま	パンダ6	宮崎将弥
李琴峰	g.x.	xingnai
zhenzhen	今井里美	加藤
木村恵介	恐怖の血吸いカピバラ	こふで
ちんしゃん	土江洋	ふぁんじぃ
メイ	紅葉	横地信康
吉川美里	吉野好輝	珊珊
叶子	izumi	lucky.voi
Monalisha	sinfu	Yogi
YUMI		

このほか特別講義・補講のための課題にも多くの方からご投稿いただきました。
心よりお礼を申し上げます。ありがとうございました。

著者紹介
李軼倫（り いつりん）
北京出身。2000 年に来日し、東京外国語大学大学院にて中国語
文法・中国語教育を専攻。現在は東京外国語大学、早稲田大学ほ
かで中国語を教える。NHK ラジオ講座でも講師を務め、NHK 国
際放送のアナウンサー、フリーランスのナレーター・声優として
も活躍。著書に『李先生の中国語ライブ授業 ①入門クラス』『李
先生の中国語ライブ授業 ②初級クラス』（白水社）、『これからは
じめる 中国語入門』（NHK 出版）、『はじめよう中国語音読』（ア
スク出版）ほか多数。
X（旧 Twitter）：＠ yilun20008
YouTube：一分中文 @1mchinese

ちょこっと中国語翻訳 ［増補新版］
こんなときネイティヴなら何て言う？

2024 年 7 月 1 日印刷
2024 年 7 月 25 日発行

著　者 ©　李　　軼　　倫
発行者　　岩　堀　雅　己
印刷所　　倉　敷　印　刷　株　式　会　社

101-0052 東京都千代田区神田小川町 3 の 24
発行所　電話 03-3291-7811（営業部），7821（編集部）　株式会社白水社
www.hakusuisha.co.jp
乱丁・落丁本は、送料小社負担にてお取り替えいたします。

振替 00190-5-33228　　　　Printed in Japan　　　　加瀬製本
ISBN978-4-560-09972-8